U0478927

全国幼儿教师培训用书

丛书主编：袁爱玲

幼儿教师如何做教科研

王成刚　袁爱玲　编著

海峡出版发行集团 | 福建教育出版社

图书在版编目（CIP）数据

幼儿教师如何做教科研/王成刚，袁爱玲编著. —福州：福建教育出版社，2013.5（2022.3重印）
全国幼儿教师培训用书
ISBN 978-7-5334-5971-0

Ⅰ.①幼… Ⅱ.①王… ②袁… Ⅲ.①幼教人员－教学研究－教师培训－教材 Ⅳ.①G615

中国版本图书馆CIP数据核字（2012）第236003号

全国幼儿教师培训用书
Youer Jiaoshi Ruhe Zuo Jiao-keyan

幼儿教师如何做教科研

王成刚　袁爱玲　编著

出版发行	福建教育出版社	
	（福州市梦山路27号　邮编：350025　网址：www.fep.com.cn	
	编辑部电话：0591-83726908	
	发行部电话：0591-83721876　87115073　010-62024258）	
出 版 人	江金辉	
印　　刷	福建省金盾彩色印刷有限公司	
	（福州市仓山区红江路8号浦上工业园D区24号楼　邮编：350008）	
开　　本	710毫米×1000毫米　1/16	
印　　张	12.5	
字　　数	185千字	
插　　页	2	
版　　次	2013年5月第1版　2022年3月第7次印刷	
书　　号	ISBN 978-7-5334-5971-0	
定　　价	28.00元	

如发现本书印装质量问题，请向本社出版科（电话：0591-83726019）调换。

总　序

如今，在幼教界最热的话题之一就是"幼儿教师专业成长"。时代列车一日千里，幼儿教师若想赶上这趟时代快车，就必须让自己在专业上持续快速地成长。对此，教师们自身应有清醒的认识并积极奋斗。与此同时，各级政府和社会力量也正在努力营造让幼儿教师轻松实现专业成长的条件与氛围。我们组织编写的这套"全国幼儿教师培训用书"正是为了满足幼儿教师加速专业成长的需求。

此套丛书的编写理念是以幼儿教师为中心，走进教师们的专业生活、精神生活甚至是日常生活，聚焦她们频繁遇到的问题，以面对面、心贴心的亲切感来分析解决幼儿教师们的困惑、谜团、问题与困难。这套丛书由《幼儿园教学具设计与使用指导》《幼儿教师教学基本策略》《幼儿园生活活动指导》《幼儿教师如何做教科研》《家园沟通的艺术》《国外幼儿教育考察》《幼儿教师心理调适》《幼儿园数学学具的设计与使用》《幼儿园文案轻松写》《幼儿园民间体育游戏课程》《幼儿行为管理》《幼儿教师如何提升实践反思能力》《幼儿园体育器具开发与应用90例》《幼儿园游戏指导策略》等构成，内容基本涉及幼儿教师专业生活的方方面面。

放眼世界学前教育对幼儿教师专业成长的研究，可归纳为三种主要的价值取向，即专业技术取向、实践反思取向、文化生态取向。我们认为这三种专业发展与成长的价值取向并非是对立关系，而是各有所长的互补关系。因为，幼儿教师这个职业虽然不比医生、律师的专业度高、技术性强，但也绝不是没有专业性、技术性的职业，因而非本专业的人是绝对做不好此项工作的，必须经历一定程度的专业学习才可胜任。而且，现实也清楚地显示幼儿教育专业毕业的人并不是立即就能做好此项工作，还必须经历一定时间的实践，并通过不断反思，才能将学科知识、教育教学知识以及关于教育对象——幼儿的知识有机地整合在一起，形成实践智慧，成为专业熟手。也就是说专业知识和专业技能本身并不等于教育教学中的实践智慧。现实还告诉我们，每个教师的专业成长绝不仅仅是单纯的、孤立的个人行为，恰如一粒种子本身并不能完全决定自己的长势和果实，种在不同质量的土壤中，其成长的样态和果实会大不相同。遇上肥沃的土壤，其长势就好，果实就佳；反之则不然。这也就是说，教师个体的专业成长与其所在园所或地区的文化生态环境关系密切。

因此，综合这三种专业发展取向，我们这套丛书力求提供有专业度的指导，但又不是干巴巴的说教，尽可能将专业知识还原到具体的情境中，让它们鲜活起来。与此同时鼓励老师们学与做结合，边做边反思，而不以书本为教条。我们更建议幼儿园打造学习型组织，形成学习共同体，培养终身学习的理念和终身学习的习惯，在这样的园所文化生态环境下，每个幼儿教师的专业成长才能持续，才能提速，才能搭上时代快车。

由于编写人员来自全国各地许多高校和幼儿园，在写作中互动沟通难免不够密切，加之能力水平所限，令这套丛书距离我们的预期目标可能会有不少差距，也会有众多不足，万望广大幼儿教师朋友们不吝赐教，以便再版时修改完善。

华南师范大学　袁爱玲
2012 年 3 月 10 日

目 录

第一章 如何认识幼儿园教科研活动 …………………………………… 1

第一节 幼儿教师为何要开展教科研活动/2
一、解决幼儿园教育教学实践中的实际问题/2
二、提升教育教学水平，促进幼儿教师专业发展/3
三、增进幼儿园可持续发展/4

第二节 当前幼儿园教科研中存在的误区/4
一、幼儿园教科研目的上存在问题/5
二、幼儿园教科研研究对象的非对称性/8

第三节 幼儿教师从事教科研活动的优势/10
一、生活在真实的教科研本源中，易发现关键性问题/10
二、具有深入研究和反复实践的有利条件，易找到适宜的实践模式/12
三、与幼儿交往密切，易进入幼儿的内心世界/13

第二章 如何选择幼儿园教科研的研究问题 …………………………… 15

第一节 幼儿园教科研要研究什么样的问题/16
一、幼儿园教科研要研究的是幼儿教师身边的问题/17
二、幼儿园教科研要研究的是有价值的问题/17
三、幼儿园教科研要研究的是需要探究的真问题/18

四、幼儿园教科研要研究具有可行性的问题/20

第二节 幼儿园教科研的课题从哪里来/21
一、善于发现问题是幼儿园教科研选题的前提和基础/21
二、幼儿园教科研课题的来源/22

第三章 如何开展幼儿园课题研究 ……………………………………… 33

第一节 幼儿园科研课题的选定与文献资料查阅/34
一、正确选定研究课题的意义与注意事项/34
二、查阅文献资料/36

第二节 幼儿园科研课题的研究方案设计/39
一、幼儿园课题研究方案设计的必要性与要求/40
二、幼儿园科研课题研究方案设计的基本结构/44

第三节 幼儿园科研成果的表述/49
一、幼儿园科研成果表述的意义/49
二、幼儿园科研成果表述的形式/50

第四章 聚焦幼儿园教育活动情境的教育观察法 ………………… 59

第一节 什么是教育观察法/60
一、教育观察法的内涵与特点/61
二、教育观察法的类型与作用/62

第二节 幼儿教师怎样使用教育观察法/64
一、观察准备/65
二、进行实际观察/66
三、撰写观察记录/66
四、观察结果的整理和分析/67

五、写出观察报告/68

第五章 用事实说话的调查研究法 ··················· 73

第一节 什么是调查研究法/74
一、调查研究法的内涵与类型/74
二、调查研究法的特点/75

第二节 幼儿教师怎样使用调查研究法/76
一、掌握教育调查法的一般步骤/76
二、幼儿教师使用教育调查法应注意的问题/77
三、幼儿教师常用的教育调查法/78

第六章 剖析学前教育现象的教学案例研究法 ··············· 91

第一节 什么是教学案例/92
一、教学案例的内涵/92
二、幼儿教师如何选择教学案例的主题/93

第二节 幼儿教师如何开展教学案例研究/94
一、准备阶段：确定研究主题并进行精心设计/95
二、开展研究：伴随活动过程进行深入研究/96
三、积极反思：基于描述与记录的分析和思考/96

第七章 边工作边研究的行动研究法 ··················· 107

第一节 什么是行动研究法/108
一、行动研究的内涵/108
二、行动研究的特点/109

三、幼儿教师开展行动研究的类型/109
四、行动研究为什么更加适合幼儿教师/110
第二节　幼儿教师怎样进行行动研究/112
一、计划/112
二、行动/113
三、观察/114
四、反思与评价/114

第八章　如何开展幼儿园园本教研活动 ……………………… 119

第一节　什么是幼儿园园本教研/121
一、园本教研的内涵/121
二、园本教研的特点/122
第二节　园本教研中存在的问题及应对策略/125
一、园本教研中存在的问题/126
二、园本教研中存在问题的应对策略/128
第三节　如何有效地开展园本教研/133
一、园本教研的基本环节/133
二、园本教研的模式/140

第九章　如何以教科研活动促幼儿教师专业发展 ……………………… 161

第一节　幼儿教师专业发展/162
一、什么是幼儿教师专业发展/162
二、基于《幼儿园教师专业标准》的专业发展/163
第二节　园本教研促进幼儿教师专业发展的机制/172
一、园本教研促进幼儿教师专业发展的价值/172

二、园本教研促进幼儿教师专业发展的机制/173
三、园本教研促进幼儿教师专业发展的途径/173

第一章　如何认识幼儿园教科研活动

【内容提要】本章从解决幼儿园教育教学中的实际问题、提升幼儿教师教育教学水平、促进幼儿园发展等方面阐述幼儿教师开展教科研的价值与意义；阐述了幼儿园教科研活动在研究目的和研究对象等方面存在的误区；阐述了幼儿教师从事教科研的优势。

【问题导引】通过本章学习，能深入思考以下的问题：一是幼儿教师要不要开展教科研？为什么要开展教科研？二是幼儿教师有没有能力开展教科研活动？幼儿教师应该对哪些问题进行研究？三是导致当前幼儿园教科研活动存在的误区的根源是什么？幼儿教师该如何应对？

我国幼儿教育改革与发展的深入推进对幼儿教师素质提出了更高的要求，要求幼儿教师从单纯的实践工作者向研究型教师转变，一线幼儿教师教育研究的能力和权利逐渐得到承认和尊重，这就意味着幼儿教师要懂得基本的教育科学研究理论，能发现幼儿园教育教学中的实际问题，还要善于选择最优方法，制定最佳方案，改进幼儿园教育教学实践，使幼儿园教育教学更加适宜幼儿的学习与发展。

诚如苏霍姆林斯基所言："如果你想让教师的劳动能够给教师带来乐趣，使天天上课不至于变成一种单调乏味的义务，那你就应当引导每一位教师走上从事研究这条幸福的道路上来。"但是，对于如何开展幼教科研工作，相当多的幼儿教师还存在着不少困惑和疑问。

第一节　幼儿教师为何要开展教科研活动

幼儿园教科研主要是指幼儿园的教育工作者采用科学的方法，有目的、有意识、有计划地对幼儿园的教育现象和教育情况进行了解、收集、整理和分析，以达到科学探究幼儿园教育教学活动过程，揭示和发现幼儿园教育领域内各种复杂的关系，不断地丰富和完善幼儿教育科学的体系，进而更加有效地指导幼儿园的教育教学实践。幼儿园教科研是与幼儿园自身的教育教学实践、幼儿园教育教学改革联系在一起的，始终指向幼儿园的发展与变革的，它虽然不是幼儿园发展与教师成长的充分条件，但是无疑是必要条件。

一、解决幼儿园教育教学实践中的实际问题

实践中的问题是幼儿园开展教科研的一个基本出发点，也就是说，幼儿园在开展教科研的过程中首先要有清晰的问题意识，能够明确地认识到借助于教科研工作要解决幼儿园教育教学实践中的哪些问题、什么样的研究活动才能达到这一目的。然而，当前许多幼儿园的教科研活动并非指向幼儿园教育教学实践中的问题，而是五花八门：或为通过上级领导的检查或评估，或

为攀比和赶潮流，或为评职称，或为写出几篇论文，或制造轰动效应产生影响，或兼而有之。教科研活动如果没有与幼儿教师日常生活和教学实践紧密相连，幼儿教师就不会有发自内心的研究冲动，而没有发自内心的研究冲动，就难以产生持续性的研究行动。

幼儿园教科研不是为研究而研究，它的课题来自于教育教学的实践，它的成果最终要回到实践中去，并能够切实推进教育教学实践工作的有效开展，这是幼儿园教科研的现实也是根本的价值所在。

二、提升教师教育教学水平，促进幼儿教师专业发展

幼儿园教科研的另一个重要的价值是通过教科研转变幼儿教师的教育理念和教育行为。正如有研究者指出的，"通过研究不仅能增进教师对有效教学的认识，扩展教师对新思想新方法的运用，引发他们对教育教学信念的追求，而且更能增进教师对学生学习需求的关注和了解，更有效地促进和指导学生的学习与成长。尤其是面对日益频繁而且日渐深刻的教育教学改革，新的观念、思想、方法不断涌现，而改革没有现成模式，只有靠教师直面新情况、分析新问题、解决新矛盾，以主动研究者的身份进行主体参与，不断研究这一'不变'，才能应对社会和教育发展这一'万变'，使自己的工作与时俱进"。[1]

幼儿园教科研工作可以极大地提升幼儿教师的专业发展水平。通过教科研活动，幼儿教师总结教育教学实践经验，提炼与聚集教育教学智慧，从繁重的机械性工作状态中解放出来，成为具有教育实践智慧的教育艺术家和创造者。开展教科研的过程，实际上是一种学习理论进行实践的过程，在这个过程当中，幼儿教师可以提高自身分析问题和发现问题的能力、收集文献资料和筛选信息整理资料的能力、归纳和概括研究资料的能力等等。

幼儿教师参与教科研，不仅可以为教育教学实践提供大量的经验，为幼

---

[1] 全国十二所重点师范大学联合编写. 教育学基础. 北京：教育科学出版社，2002：297.

儿园教育活动提供"源头活水",而且可以吸收各种先进的教育理论,把这些理论转化为实践操作,进而有效地提高自身的专业素养和研究能力。

三、增进幼儿园可持续发展

幼儿园在开展教科研、有效地解决当前教育教学中的实际问题的过程中,不仅促进了幼儿教师素养的提升,也为幼儿园开展后续的教科研提供了良好的基础。幼儿园教育教学实践中的问题是不断产生的,常常一个问题解决了,随之而来的是另一个或者多个新的问题,幼儿园的教科研活动因此也不能一蹴而就,在解决了一个问题,促进了一批教师发展的同时,要设计新的研究计划、新的教师培养方案,去解决新的问题和进一步提升教师队伍。这就要求幼儿园将教科研活动当作常规性行为来开展,把教科研工作作为幼儿园发展的持续推动力。在衡量幼儿园教科研价值的过程中,不仅要看是否解决了当前问题,也要看到这些研究能在多大程度上为幼儿园的后续发展提供有益支撑。

可见,幼儿园要将教科研视为当下发展与未来发展的内在动力,改变教科研可有可无、教科研与幼儿园无关、幼儿教师不应该从事教科研等看法和认识。应该将教科研工作与幼儿园的发展联系在一起,与幼儿园特色创建、改革实践结合在一起,与置身幼儿园生活环境中的幼儿和谐发展关联在一起的。

第二节 当前幼儿园教科研中存在的误区

近年来,随着我国幼儿教育改革的深入推进,幼儿园无论是在教育理念上,还是在教育行为上,都发生了显著的变化。幼儿园在"科研兴园"理念的指引下,积极开展教科研活动,原来被视为只有专家才能从事的教科研活动,逐渐走下"神坛",走进了幼儿教师平常的生活、学习、工作中,初步形成了园园搞教科研、人人研究问题的局面,走科研先导、内涵发展之路已成为广大幼教工作者的共识。但在这些令人可喜的进步背后，也隐藏着一些误区和不容忽视的问题。

一、幼儿园教科研目的上存在问题

幼儿园开展教科研应当是针对如何解决幼儿园具体教育教学实践问题，如何提高本园教育教学的水平和促进幼儿的发展。然而，从近年的实际情况看，在某些幼儿园，教科研活动在方向上走入了一些误区。

（一）科研活动热衷于追逐量的积累

当前某些幼儿园开展的教科研活动存在忽视教科研的真正目的的问题。正如有的研究者指出的那样：

如果我们留心观察的话，不难发现这样一种现象，即幼儿园的牌子越挂越多："国家×××课题实验基地"、"教育部×××课题实验基地"、"×××省×××课题实验基地"、"×××早期潜能开发中心"……从国家级到地市级课题，应有尽有。园长在对外介绍本园的教科研活动时，也会大量罗列自己所承担的或独立开展的各项科研项目。有的幼儿园甚至同时开展近十项课题的研究工作，科研氛围浓得令人窒息。幼儿园里开展的课题研究越来越多。教师手中的获奖证书越来越厚，园长头上的光环也随之越来越亮。然而在某些"浮华"的背后，幼儿却没有发生多少实质性的变化。幼儿园科研上的高产，并不意味着科研质的优化。①

如果幼儿园开展教科研工作，仅仅是热衷于追逐量的积累与比拼，不仅会导致教科研之路越走越偏，而且过多、过杂的科研课题，既不利于幼儿教师专业化水平的提高，更不利于为幼儿的成长创设良好的环境。有的幼儿园在拿到研究项目或者课题后，会请几个专家、学者开个像模像样的开题论证会，开展几场讲座，甚至辅以一份份设计精美的问卷调查表、活动现场的录像，但最后只是写几篇文章，请专家、领导开个轰轰烈烈的结题鉴定现场会

---

① 王小英. 幼儿园教科研活动应以幼儿发展为本. 幼儿教育，2004（10）.

就草草结束，并未对教学实践产生任何推动。当幼儿园和教师把教科研庸俗化、虚假化和功利化，仅仅当作是金字招牌装点门户的时候，教科研便成为一种真正意义上的形式主义了。

幼儿园追求科研工作中的形式主义而忘记科研的真正目的，也与我们当前幼儿教育的评价机制不无关联，这种评价机制在某种程度上导致了今天幼儿园教科研目的的走偏。正如朱家雄教授所指出的那样："其实，不是每个幼儿园园长都愿意让幼儿园教师去做所谓的'科学研究'，他们中的大部分人都明白，让一线的教师去做科学研究是勉为其难的，即使获得了什么成果，一般而言，也是不解决实际中所存在的问题的，还不如做教师本分内的事情，花些时间去做教学研究，这样可用于改进教师的教学。但是，他们不得不面对检查，不得不应付评定等级，在'按照科研级别（国家级、省市级、地市级或县市级等）的高低评定幼儿园工作优劣'的标准下，他们不得不'变着法'地去做，他们明明知道这既是苦了教师，也是苦了自己的事情，但是他们不得不这样去做。"[①]

（二）教研活动热衷于作秀和表演

幼儿园教研活动的真正目的是发现教育教学活动中存在的问题，并提出有效的改进举措，促进幼儿发展。为了达到这个目的，需要在真实自然的教学情景下来审视和考察教学活动，但是一些幼儿园的教研活动却有意无意地避免这种自然情境下的真实性教学活动，其所呈现的是一种经过人为加工的"教学优质活动"。

[案例]

幼儿园大班的一节音乐主题活动课上，教师在和儿童一起学习《彼得与狼》的故事。在活动过程中，教师试图通过对这个音乐童话剧的学习达到以下这些目的：让幼儿认识并了解各种乐器音色的不同特点；利用有童趣的故事帮助幼儿理解音乐，并根据音乐形象模仿故事中的少年彼得、小鸟、鸭子、

---

① 朱家雄. 给幼儿园教师"松绑"再议. 教育导刊（幼儿教育），2006（7）.

猫、爷爷和猎人人物形象；用奥尔夫音乐教学方法来调动幼儿的参与的意识，让幼儿在快乐中感受音乐和语言结合的魅力，进而通过合作来完成故事的即兴表演。

课堂中共有11名儿童，活动中的众多角色本应该鼓励每个儿童参与，给予每个儿童参与的机会。但在活动过程中，有一个男孩子一直举手要求参与活动，可教师并没有理会男孩子的行为，而是把他的手一次次按下。与此相反，教师却给了另一个男孩子5次表演和回答问题，甚至是为同伴做模范的机会，而且每次回答和表演以后，教师都会说"××表演的好不好？""我们大家一起来学××的表演好不好？"另有一个女孩子获得了3次表演和回答问题的机会，而有四个小朋友始终没有参与任何表演和回答，只是坐在小板凳上一言不发，教师也很少顾及这几个小朋友……①

在随后的教研活动中，笔者就为什么不让举手的幼儿发表自己意见和参与课堂活动这一事情与教师进行了交流。这位教师说："这个幼儿这样做仅仅是为了引起执教老师和观摩老师的注意力，前面几次活动中有一次给了这个幼儿机会，结果是所答非所问，给评课和参观的教师留下了不佳的影响，因此为了避免这种事情的发生，只能这样做。"由此可见，其课堂教学活动不过是作秀与表演而已。具体而言，教科研活动中的作秀和表演有以下几个方面的表现：

1. 重"展示"，轻"反思"

很多幼儿园都曾开设公开课，并在课后马上开展研讨。公开课本是提供了一个展示讨论问题的载体，但事实上往往是载体有了，问题却没有了，载体做得很漂亮，幼儿教师反思的时间很短，讨论的时间很短。展示后的研讨往往更多的只是集中于教案的设计、活动的质量上面，而对幼儿学习的关注却不够，对活动过程的反思也不够，对应该思考的内容缺乏思考。正如上面案例那样，整个活动在外来的参观者看来很圆满，但是却没有对一些主要的

---

① 该案例为笔者在广州市一所幼儿园的观察笔记。

问题进行反思，例如：主题目标的核心本质是什么？幼儿学习过程中发生了什么？幼儿需要理解什么？能够理解什么？什么样的设计能够促进幼儿对目标的理解？如何知道儿童达到了怎样的理解？他们的理解与活动目标的差距在哪里？下一步打算做哪些改进？……现在很多教研活动并没有引导教师去深入地思考、研究幼儿的学习，这样不利于提高教师的反思水平。

2. 重"研教"，轻"研学"

从现在的情况看来，教研活动很重要的一点是需要引导幼儿教师真正地转向重视幼儿、重视幼儿的学习和发展，而不仅仅是只重视教师的"教"。上述案例中执教老师注意力只集中在怎么上好课、教案该怎么写，观摩的重点都落在教学技能、教师对活动的组织或教具的使用上，关心的都是活动是否按计划顺利完美地展开，等等。为了使观摩课显得"完美"，教师把那些能力较差（可能会给教学活动"抹黑"、给教师"丢脸"）的幼儿从正常的教育教学活动中强行排除或者是在活动中忽视他们，由此在教研活动中对幼儿学习没有深入研究，不关心活动中幼儿怎样学习，怎样理解教学的内容。这样做不仅严重地侵犯了这一部分幼儿的参与权和发展权，也违反了素质教育的初衷，因为素质教育的一个基本精神就是教育要面向全体儿童，促进每一个儿童身心全面和谐地发展。

幼儿园教科研活动，如果还只是停留在形式主义的泥潭中，那么，教研的最大利益获得者只能是会"表演"的园长与教师，而不是幼儿，最终只能是回避问题或者仅仅触及幼儿园教育教学实践问题的表层，而不能从根本上解决这些问题。换言之，在幼儿园科研活动中，不管是研究课程问题、管理问题，还是教师问题、教育策略、方法问题，这些研究最终都应指向幼儿，落实在幼儿的发展上。

二、幼儿园教科研研究对象的非对称性

教育科学研究是一种运用科学的方法，以教育科学为理论依据，以教育现象为对象，以探索教育规律和解决教育问题为目的的创造性活动。从研究

的问题领域来划分，幼儿教育领域的科研可以分为两大类：一类是面向教育理论，丰富教育理论、促进学科发展的研究；另一类是直面教育实践，推进教育实践发展的教育研究。在这两类中，第一类研究领域中的研究者更多是理论工作者，而在第二类领域的研究中，幼儿教育实践工作者涉入的相对较多，研究也比较具有针对性。

  幼儿园教科研中，选择研究对象时要避免研究对象的不适宜性。很多幼儿教师不是选择当下自己教育教学中急需解决的实践问题，而是选择一些理论性比较强的问题，这就导致研究中会出现漂亮而无实用的"塑料花"现象。如果幼儿园不从当下教育教学的现状和自身实际需要出发，而是刻意"旁征博引"一些所谓的新鲜名词和时髦理论去进行研究，就会导致在研究过程中，只会做表面文章，搞形式主义，在结题时，走过场，无病呻吟，故弄玄虚，无中生有地吹嘘自己的课题成果如何有价值、有成果。有人将这种教育研究现象喻为"塑料花"，认为它们都是"好看"的，都有"道是有用却无用"的无奈。正如有的幼儿教师指出的："我在幼儿园进行了多年的教育科研，但是到今天也不知道自己到底研究了什么。尽管自己的研究能力提高了，但是自己的研究一直跟着幼教理论的流行而走，从综合到生成，从整合到瑞吉欧，从分析幼儿到教师反思，一年换一个主题。"还有位教师说："早几年写教育科研论文，如果没有数据，那就没有质量，甚至不叫论文；而现在有没有数据不重要，重要的是要有观察和案例分析。"[①] 这几位教师的困境正反映了幼儿园教科研中由于研究对象的不明确所导致的一种不良后果。

  幼儿园开展教科研活动过程中，首先要选准研究对象，要选择与幼儿发展有关的教育教学、管理和教师等问题。如果教科研的研究对象不是实践中所急需解决的，而且具有很强的理论性，那么这种脱离幼儿园实践情境的研究对幼儿园而言价值不大，而且也超越了幼儿教师的能力范围，研究也就不可能深入。例如有的幼儿园致力于研究"幼儿园园本课程的理论"等问题，

[①] 走出幼儿教科研的误区. http://guanzhu.chinateacher365.com/14/13797.html.

就选错了研究对象，不仅会造成在实践中不易操作，没有针对性，也难以提升教师自身的素质。可以说幼儿园教科研的真正价值在于幼儿教师能从司空见惯的日常教育活动中、从经常发生的问题中发现了什么，领悟了什么，解决了什么，幼儿又能从中发展了什么。

诚如许卓娅教授所指出的："对教师来说，最实际的意义是改进教育工作，在有限的时间和条件下，更好、更有效地促进幼儿全面发展。那些跟浪潮、赶时髦，好大喜功，一味追求研究课题的新颖、庞大和级别，只顾投上级所好的做法是不对的。我觉得，幼儿园在确定教科研计划时，应以解决当前本园工作中存在的主要问题为出发点。问题一个一个地、踏踏实实地解决了，工作水平一点一点地提高了，参研人员的聪明才智和个人价值自然也就实实在在地体现出来了。"[①] 幼儿教师要善于发现教育实践中的问题，而解决问题的过程就是研究的过程。只有这样，幼儿园的教育科研才真实，才可能解决现实问题。

第三节 幼儿教师从事教科研活动的优势

新时期幼儿教育的改革呼唤幼儿教师要向专业化发展，而教师专业化一个很重要的核心要素就是要求幼儿教师具备一定的教科研素养。也就是说，优秀的幼儿教师不仅仅是教育活动组织得好，环境创设得优异，而且还要具备一定的从事教科研工作的能力。对幼儿教师而言，从事教科研活动至少有以下几点优势：

一、生活在真实的教科研本源中，易发现关键性问题

从事任何研究都要有问题的来源和一定的实践活动，幼儿教师每天生活在教育实践中，信手拈来许多教育教学、管理与儿童发展等方面的现实问题，

---

① 许卓娅. 幼儿园教科研工作漫谈. 早期教育，1998（7）.

而教科研的选题恰恰正是从这些现实问题中筛选出来的。幼儿教师工作于真实的教育教学情境之中,最了解教学的困难、问题与需求,能及时清晰地知觉到问题的存在。

［案例］

如何轻松愉快用餐①

一日生活中,"吃"与孩子们紧密相随,孩子们有很多次"吃"的机会。然而,他们愿意自己吃饭吗?他们吃饭时情绪愉快吗?他们吃得好吗?最爱吃的是什么?他们能自己吃多少?什么时候需要成人的帮助?……

通过教师们日常的观察记录我们发现——

＊不愿吃多的——围着桌子转了一圈,对着每碗饭看了又看,最终在一碗饭面前坐下,老师问:"你在找什么啊?"孩子答:"我要少一点的饭。"

＊吃得前紧后松——午餐刚开始时,幼儿都能像模像样地自己吃,但是过了一段时间,当吃到半饱以后,就不愿意再自己动手进餐了。

＊餐具使用不熟练造成用餐困难——怎么把菜顺利地舀入自己的饭碗里,送入自己的嘴里,这个看似简单的动作却让幼儿困难重重,轻松不起来,有的幼儿会吃吃抓抓,有的是吃吃塞塞,有的是吃吃捡捡……

在这个案例中,作者就是把握住了幼儿生活中一个很关键性的问题,这一问题是幼儿教师每天都要面对的,如果解决不好,不仅会影响幼儿的进餐,也会影响幼儿的生活习惯和良好的行为养成。作者把这一问题作为教研的主题,就准确地把握住了当前的关键性问题。作者通过调整食物结构、丰富用餐工具、"少食多添"之类的标识提示等方式逐渐地解决了这个令很多幼儿教师和家长头疼的问题。

可见,幼儿教师的教学与教科研存在着共生互补的关系。一方面,教师是"教"的主体,他们所处的位置比局外人更能敏锐地发现幼儿教育情境中

---

① 教研案例:如何轻松愉快用餐. http://www.age06.com/Age06.Web/Detail.aspx?CategoryID = D9F96B89-F40C-4E74-9011-7562A7E42FFB&InfoGuid = 280C9898-3D91-436B-9291-F7D5E0A90814.

存在的问题，通过自身的观察以及对教学情境的分析来改善教育行为。另一方面，幼儿教师也是"研"的主体，他们能运用相关理论知识，对自身教育实践中存在的问题进行观察、反思与改进。和专业研究人员相比较，幼儿教师拥有更多的教学研究机会和绝佳的研究位置，他们的研究成果与教育实践的关联更密切。因此，幼儿教师要积极主动地从事教科研，为幼儿教育活动创造性地设计开放、探究、合作的学习情境，以顺利完成教学任务。

二、具有深入研究和反复实践的有利条件，易找到适宜的实践模式

幼儿园教科研的场所就是幼儿园的教育活动现场和日常生活，实践性是幼儿园教育教学研究的重要特性，幼儿教师是教育教学实践的主体，针对具体的、真实的问题进行变革尝试，并在实践中进行检验，进而产生自己的知识，建构适合情境的教育教学实践模式。

［案例］

一个小男孩上幼儿园了还总是抱着自己的小被子，什么时候都不愿意放下。在过去，教师会按规则把他的被子拿开。现在的教师不这么做了，她允许他抱着被子，然后组织一些特别有趣的活动吸引他参与。小男孩为了参与喜欢的活动而自然地放下小被子。还有一个例子，小班幼儿点点初来园时不愿意在幼儿园午睡，连自己的小床都不愿意靠近。照过去的做法，从健康的角度考虑，教师必须统一要求，谁都不能搞"特殊"。但现在教师对点点"特殊对待"，针对点点入园前在家不午睡的特殊生活习惯，放慢了培养速度，降低了常规要求。在最初的一两周内，教师在午睡时间陪着点点玩他最喜爱的毛绒玩具，并在其他孩子熟睡后，带着点点到午睡室帮助披被子、整理衣物等，消除他对幼儿园午睡的陌生感与恐惧感。两个星期后，点点主动提出要坐在自己的小床上玩玩具，教师微笑着答应了，并提醒他说话要像小花猫，不要吵醒其他小朋友。一个月后，园长进行常规检查时，发现点点正盖着自己的小被子在床上熟睡。点点就这样轻松地、快乐地适应了幼儿园生活。①

在上面这个案例中为什么这两位教师对解决这些问题这么有把握呢？一方面是由于在园本教研中，幼儿园常用各种方法促使教师以自己的特点和速度去建立基本的教育信念。另一方面这也是教师在工作中反复研究得出的一种带有规律性的认识。

家长只有教育一个孩子的经验，比较难以形成规律性的认识，而幼儿教师则不然，一方面，幼儿教师每天与幼儿生活在一起，可以采取不同的教育举措，连续进行跟踪观察和记录，不仅可以了解幼儿自身的发展变化，而且可以检验自己采取的教育举措和解决问题的策略是否奏效。另一方面，幼儿教师更有条件对同一个问题和内容进行反复的实践与检验，幼儿教师如果善于捕捉这些教学现象并分析这些现象与问题，对其有所思考、有所感悟，在思考之后自然就会产生出对这些问题与现象的看法、观点和见解，这种逐渐积累、沉淀、思考、总结、内化、升华的过程为幼儿教师从事教科研提供了广阔的天地。幼儿教师就是在反复面对这种问题情境的过程中，逐渐形成了这样有自信的解决问题的方式，而这恰恰是幼儿教师从事教科研得天独厚的优势所在。

三、与幼儿交往密切，易进入幼儿的内心世界

幼儿园保教工作的对象是幼儿，而幼儿园教科研的一个重要对象就是幼儿，幼儿是处于不断发展变化中的个体，如果教师不了解幼儿，保教工作就难以有效地进行，教科研工作更难以搞好。与幼儿的共同交往构成了幼儿教师的教育教学生活，幼儿教师能准确地从幼儿的学习中了解到自己教学的成效，了解到师幼互动中存在的问题以及需要改进的方面。幼儿教师可以从教育教学的现场中，从幼儿的表现与情感状态中获得第一手资料，这为研究提供了很好的条件。幼儿教师每天和幼儿生活在一起，能观察到幼儿任何一个

---

① 李季湄. 园本教研发展之我见. 幼儿教育. 2011 (Z1).

细小的自发行为，能深入到了幼儿的内心，并据此采取有针对性的教育措施，促进幼儿的成长。

【阅读推荐】

1. 周希冰. 学前教育科学研究. 北京：高等教育出版社，2006.

本书以学前教育科学研究的原理为基本框架，针对学前教育科学研究的自身规律和幼儿园教师的实际需要，将研究理论与实际紧密地结合，比较系统地阐述了学前教育科学研究的发展趋势、一般过程、基本类型和方法等。

2. 许群民. 课题研究需注意的问题. 幼儿教育，2004（1）.

作者在这篇文章中介绍了当前幼儿园课题研究中存在的问题，从研究问题空洞无边、研究过程中顾此失彼、研究价值取向上利小弊大，以及研究过程中有始无终等方面，初步阐述了幼儿园课题研究中存在的问题。

【思考与探索】

1. 有人认为幼儿教师由于工作太多，不应该开展教科研，而且幼儿园教师大多学历低，在开展教科研方面也有力不从心的感觉，结合本章的内容，你认为幼儿教师是否应该开展教科研工作？

2. 结合自己幼儿园开展的教科研活动，谈谈你们是否在教科研活动中也遇到了上述的误区，你们是如何解决的？

第二章　如何选择幼儿园教科研的研究问题

【内容提要】本章主要阐述幼儿园教科研要研究幼儿教师身边的问题、要研究有价值的问题、要研究具有一定迫切性的问题，分析并阐述了幼儿园教科研课题选择的路径和方法。

【问题导引】通过本章学习，能深入思考和解答以下的问题：幼儿教师如何选择具有价值的研究课题？如何判定所选择的研究课题是否有价值？为什么说善于发现问题是幼儿园教科研选题的前提和基础？

幼儿教师开展教科研工作要面向实践，研究自己身边的问题，研究真问题，提高研究的实效性。要做到这些，就需要幼儿教师要具有问题意识，要科学定位自己的选题。在选择幼儿园教科研课题过程中，幼儿教师可以从以下几个方面着手：第一步是确立研究的范畴，也就是什么样的问题才能成为教科研课题。这是一个教科研选题的价值判断过程。第二步是寻找研究的内容，也就是从哪里去找教科研课题。这是一个内容遴选的过程。第三步是明确具体的研究对象，也就是在众多问题中，如何确定幼儿教师要研究的课题。这是一个准确定位研究问题的过程。

第一节　幼儿园教科研要研究什么样的问题

发现问题、提出问题是幼儿园教科研的起点，良好的开端为幼儿教师的教科研工作取得成功奠定了坚实的基础。正如爱因斯坦所说，提出一个问题往往比解决一个问题更为重要。因为解决一个问题也许只是一个数学上或实验上的技巧问题，而提出新的问题、新的可能性，从新的角度看旧问题，却需要创造性的想象力。

幼儿园教科研的第一步就是选择课题，选择一些值得研究且有条件研究的问题。选择课题，是幼教科研的起点，它对幼教科研工作能否有效开展起着决定性的影响，关系到幼儿园教科研工作的发展方向、价值及效果，是教科研成败的关键。

"问渠哪得清如许，为有源头活水来。"幼儿教师教科研课题的"源头活水"就是自己的教育生活——在教育实践中发现问题，在丰富多彩的问题中选择课题。并不是所有的问题都可以成为幼教科研课题，像"幼儿园园本课程理论建构研究"、"幼儿园幼儿主体性理论研究"这样一些问题虽然诱人，但如果把它们作为课题来研究，对一线幼儿教师来说是具有很大的难度的，也难以收到预期的效果，因为这些问题并不是幼儿教师的研究专长。那么，幼儿园教科研要解决的究竟是什么样的问题呢？幼儿园教科研课题有什么特性或特殊要求？

一、幼儿园教科研要研究的是幼儿教师身边的问题

与教育专家和理论研究者的科研相比较，幼儿教师的教科研不同之处就在于其实践性强，亲临一线实践是幼儿教师教科研的主要优势，是幼儿教师教科研的主要特长。幼儿教师应要充分发挥自己的优势和特长，选择身边的问题，从身边的教育教学实践开展教科研。

幼儿教师的教科研是以解决教育实践中的问题，进而促进幼儿健康丰富的精神世界的形成为根本目的的一种活动，这是幼儿园教科研的关键所在。从这个意义上说，从问题到课题应成为开展教科研的基本思路。

"问题"是一个很宽泛的范畴。幼儿教师在组织幼儿一日生活和教育活动的每个环节，都存在着许许多多实实在在的问题，如怎样组织幼儿进餐，怎样培养幼儿良好的行为习惯，怎么正确评价教师、幼儿，怎样培养幼儿的自主学习能力，等等。这些问题看起来很微观甚至很渺小，但是确实能成为幼儿教师进行研究的有价值的教科研课题。幼儿教师为了解决这些小问题而开展的研究是很有实践价值和应用价值的。例如，研究教学秩序混乱的问题，就是为了培养幼儿良好的行为习惯；研究备课的方法问题，就是为了寻求一种能够增效减负，使幼儿在轻松愉悦中获取更多知识的有效方法。从这个角度延伸开去，我们的研究就是宏观的，离开了微观研究却要形成宏观的思辨层次的研究成果是不现实的。

研究身边的问题，使得幼儿教师的教科研更具有针对性。真实的问题是幼儿教师的教科研工作和实践发生联系的重要桥梁，只有指向幼儿园中具体问题的教科研，才能拥有生命的活力和实践的意义，否则，幼儿园的教科研就会沦为大而空的泛泛之谈。

二、幼儿园教科研要研究的是有价值的问题

幼儿园开展教科研工作是有目的的，它要追求某种价值的实现。幼儿园

教科研有没有价值，和研究的问题是否有价值分不开。

从幼儿园当前的教科研状况看，有价值的问题一般包括四类：一是探索性的问题，就是把教育理念、教育观念、教育成果转化为具体实践活动中所遇到的问题。例如，怎样培养幼儿教师合理有效、创造性地使用教材等，就是有新意的问题。选择的问题要有新意是指要从新问题、新事物、新理论、新思想、新经验、新方法、新设计中选题，要把握幼儿教育发展的时代脉搏，从独特的角度来看问题。二是反思性的问题，就是教师为改进自己的教学方法、提高教学效率所发现的问题，如对自己的教育活动进行反思等。这些问题最终都要在微观的层面上得到落实。三是实践性的问题，即解决这个问题能推进工作，有助于提高幼儿教育质量和效益。四是工具性价值的问题，即解决这个问题能促进研究者的发展，促进研究手段的改进，或促进研究方法的创新等。从上述的分类中可以看出，相对而言幼儿园的教科研应立足于解决教育教学中的实际问题，着眼于改进具体的工作。值得一提的是，教科研虽然把解决问题作为重点，但其最终目的不仅仅限于问题的解决，而是通过问题的解决，总结出带有一定的启发性和规律性的东西，推动自己的教学和研究。

有价值的问题往往是基本和关键的教育问题，如那些直接决定或影响幼儿发展的教育问题。例如，幼儿教师教育行为的适宜性问题、师幼关系问题、幼儿教育质量问题等，都是幼儿教师无法回避的基本问题，都是很有价值的科研课题。选择有价值的研究问题，就是要尽可能抓住幼儿教育工作的基本问题，努力避免那些无关痛痒的问题，这样才能提高教科研的价值。

三、幼儿园教科研要研究的是需要探究的真问题

问题是研究的动力，若没有问题就不存在研究，但是并非所有的问题都能成为幼儿教师研究的对象。许多常规的生活和工作问题，只要凭幼儿教师的常识、习惯和已有经验就能很好解决。一些微观的、看似无意义的却真实而具体的日常教育生活，才是幼儿教师研究的真正视点。幼儿教师从事教科研，应该研究这些真问题。

(一)判断真问题的标准

幼儿教师如何判断研究问题是真问题呢？我们可以从以下两个方面来判定。

1. 现实性标准。所谓现实性就是教科研的研究问题不是凭空想出来的，而是来自鲜活的幼儿教育实践，是幼儿教育实践中急需解决的问题，是大家共同关注而又光靠常识、习惯和已有经验解决不了的。

2. 创新性标准。虽然现实性标准是教科研活动中判定真问题的重要标准，但是仅仅做到这一点还是不够的，真问题还有选题新颖、创新的另一面。教育工作具有很大的个性和艺术性，虽然有些问题的分析已经相当透彻、明晰，但是如果研究者转换一种视角，或许就会有新的发现。因此，别人研究过、做过的工作，可能仍有探索的空间，仍然需要探究。

(二)如何发现真问题

幼儿教师在教科研活动中发现真问题的有效策略有三点：一是用心观察，练就一双发现问题的"慧眼"；二是要透过现象进行反思，寻找根源；三是要静下心来进行研究，心沉则心诚。

1. 用心观察，练就一双发现问题的"慧眼"

幼儿教师要有发现问题的眼睛，要学会辨别真问题与假问题、开放性问题与封闭性问题、是什么问题与为什么是这个问题。幼儿教师要善于观察，做好观察记录。观察记录作为当今幼儿教师行动研究的主要工具，应在教师的教育实践中或者教育行动研究的现场发挥其应有的价值。这也是当代幼儿教师所必须学习的一个重要的基本功。适当的观察记录方式和忠于教育情境的记录有助于教师在原始真实的记录中发现更多的问题。

2. 要透过现象进行反思，寻找根源

在记录的基础上，幼儿教师要以专业的知识为依托进行分析和反思，找出出现这种现象或者问题的原因，然后寻找对策，对症下药。反思是一个研究的过程，包括发现问题，收集有关问题的资料，寻找解决问题的各种方法，实践操作，反馈并作出下一步的教育决策。记录之所以重要，是因为对教育活动进行记录的过程实际就是一个收集资料、发现问题的过程。记录不详实，反思就会失去依托，缺乏事实的支持。当反思真正成为幼儿教师的一种生活方式以后，幼儿教师就能够发现自己教学活动中的问题，并逐步分析出这些现象背后的原因与问题的根源。

3. 要静下心来进行研究，心沉则心诚

"沉下心来做教育"是我们向往的教科研境界，但是很多幼儿教师往往会以"没时间"、"没条件"等理由推脱。幼儿园教科研贵在一颗诚心，低下头，沉住气，心诚则有收获。一线幼儿教师确实受许多琐碎的事情干扰，有时甚至身不由己，但是如果条件许可，幼儿园如果能够抛开这些浮躁，幼儿教师就能够找回平和的心，开展教研、进行科研就能成一件水到渠成的事情了。

四、幼儿园教科研要研究具有可行性的问题

幼儿教师在开展教科研课题研究前应对研究问题做可行性判断。所谓可行性，指的是研究所选定的研究课题是能被研究的，具有现实的条件。可行性包括两个方面的条件：

一是客观条件。包括资料、设备、实践、经费、技术和现有的研究基础。这其中的资料包括研究者个人及所在园所已有的资料，还包括是否能够有效地查询和获得资料，有无经费保障等；设备，主要是幼儿园有无研究所需的一些基本的器材、量表或统计测试的工具，有无应付研究中出现的特殊问题的机制，等等。只有在各方面都具备较好的条件，才能保证课题研究顺利进行并取得预期成果。

二是主观条件，指研究者本人的知识、能力、基础、经验和专长，研究者所掌握的有关这个研究课题的信息资料以及对此课题的兴趣，参与者人数及其专业特长，可投入的研究时间等。研究者要权衡自身条件，寻找结合点，选择能够发挥自己优势特长的具有重要价值的课题。这类课题往往是来自于教师的教育教学实践，具有小而实的特点。

目前许多教师研究的选题偏大，有的实际上是个人或幼儿园根本就不可能独立完成的。有的选题即使有可能去做，也要求幼儿园和教师本人长时间地背负很重的人力、物力、财力负担。因此，幼儿教师应对选定的研究课题做可行性判断，教科研要研究的问题如果是比较具体的应用性问题，问题结构比较简单，变量较少，则相对具有可行性。如一位全托幼儿园的小班教师，想要研究"晚上幼儿就寝前，究竟是开展集体活动好，还是开展自由活动好"这一问题，她结合日常工作对本班幼儿在两种干预条件下的反应进行反复的观察，还将初步的结论拿到同年龄组的其他班级进行验证。她选定的研究课题就是个人力所能及的，并且是有意义的。

第二节　幼儿园教科研的课题从哪里来

课题研究始于问题。幼儿教师要进行教科研首先要有好的研究选题，这对开展教科研具有重要的意义。很多幼儿教师对教科研工作开展具有一定的兴趣，但是教科研课题从何而来？

一、善于发现问题是幼儿园教科研选题的前提和基础

幼儿教师进行教科研的第一步就是进行教科研选题，而选题的前提基础是善于发现问题。幼儿园教科研选题就是幼儿教师在实践过程中面对教育中的诸多问题，进行分析、思考，最终提出一个问题作为研究对象的过程。但是目前，很多幼儿教师对研究课题的敏感性不够高，不善于发现有价值的问题。

成都市2004年开展幼儿园贯彻《幼儿园教育指导纲要（试行）》优秀论文征文和评审过程中，成都市幼教协会收到894篇论文，数量比以往增加了三四倍，但篇幅长短不一，水平参差不齐。对这894篇教师科研论文进行分析，发现当前幼儿教师从事教育科学研究的一个具普遍性的困难，是老师们不知道为什么要进行研究，从哪里开始研究，缺乏从事科学研究的问题意识。

发现问题、提出问题是幼儿园开展教科研的首要环节，可正是幼儿教师难以发现问题和问题意识的缺乏使得他们在研究时无从下手，也就难以获得有较高价值的科研成果。

幼儿教师可以从以下几个途径来发现问题：[①]

1. 阅读有关报刊资料或外出参观学习时，看看别人在研究什么问题，然后思考：这些研究对改善我园的工作有什么借鉴作用？我对这项研究的方法和结果是否有疑问？若有疑问，便可产生"验证性"研究课题；若无疑问，便可产生"应用性"研究课题。

2. 邀请专家来本园看看存在哪些问题，若有急需解决的，便可产生"改善性"研究课题；若有好的经验，则可产生"规律澄清和理论总结性"研究课题。

3. 园内教师自找问题或总结经验。可将带有共性的问题按轻重缓急排列，形成"探索性"研究课题系列，或组织教师反复观察分析有经验教师的工作过程，形成"总结性"研究课题。

实践证明，只有善于发现有价值的问题，才能在研究的过程中取得较好的研究成果。

二、幼儿园教科研课题的来源

（一）从幼儿园教育教学实践中寻找教科研课题

幼儿教师自身的教育教学实践是幼教科研课题的重要源泉，幼儿教师可以从日常的教学实践中发现问题，确定研究的课题。有的幼儿园的教研题目都是教师在教学过程中遇到的具体问题和困惑，例如："如何发挥语言阅读角的功能"、"如何把数学教育自然融入主题活动中"、"小班孩子的生活管理"、"区角活动中教师指导作用的发挥"、"主题活动环境的创设"等等。这样一些问题往往就是我们要找的课题，这些课题与幼儿教师的实际工作紧密相连，

---

① 许卓娅. 幼儿园教科研工作漫谈. 早期教育，1998（7）.

通过积极地开展研究，幼儿教师都能从这类教科研中得到收益。

但是，很多时候幼儿园教学中的实际工作还不是直接的课题。幼儿教师日常活动中遇到的问题需要通过专业化的加工和转化，才能成为课题。比如，每个老师都会遇到存在各种行为问题的幼儿，并要想方设法纠正他们的各种偏差行为，这是教师日常的工作问题。这个问题进行专业化加工后，可能变成几个课题：(1) 当前幼儿常见行为问题的调查研究、个案研究、比较研究等；(2) 如何改善幼儿的各种行为问题的研究，等等。

把日常工作转化为研究课题，要注意的事项有：第一，要用专业术语来表述问题。比如，把刚入园小班幼儿的哭闹不止、幼儿不与老师和同伴交往、经常和同伴打架等问题，表述为入园焦虑问题、社会交往障碍、幼儿攻击行为转化等问题。第二，要界定问题的内涵和外延。一个实际问题可能涉及方方面面，而做研究就要划好范围，不要无所不包，要在内涵和外延上有所限定。第三，要明确看问题的角度。比如，是侧重于成因分析，还是行动策略；是侧重于把握真实状况，还是要探寻优化模式。注意从这些方面把工作问题加以改造，有助于把一般问题变成科研课题。[①]

(二) 从国家教育政策与改革发展规划中挖掘教科研课题

1. 从国家学前教育发展政策与文件中寻找选题

国家重大的教育方针、政策、发展规划直接影响着具体的教育工作，学前教育事业也不例外。由于我国实行的是自上而下的教育管理模式，在国家层面颁布学前教育方面的重要决策、法规和文件之后，地方教育行政部门往往会推出配套的幼教改革工程，其中就包含着大量与幼儿教师有关的课题。

例如，2001年《幼儿园教育指导纲要（试行）》颁布之后，各地都设立了试点园，要求各试点园进行相关的教科研，以落实该文件精神。2010年国务院颁发《国务院关于当前发展学前教育的若干意见》之后，要求各地贯彻该文件的精神，贯彻这些意见与精神的过程中就蕴涵了很多与幼儿教师密切相

[①] 张允. 如何选择幼儿教育科研课题. 教育导刊（幼儿教育），2004 (1).

关的教科研课题。例如《意见》中第六条提出的"强化幼儿园安全监管"与第八条中提出的"坚持科学保教，促进幼儿身心健康发展"就蕴涵了幼儿园如何建立安全防护体系、幼儿园或教师如何开展以游戏为中心的教育活动、幼儿教师在教育活动中如何为儿童创设丰富多彩的教育环境，还有幼儿教师如何在教育教学过程中防止和纠正幼儿园教育"小学化"倾向的研究等等。

2. 从国家学前教育发展政策与文件中寻找选题的注意事项

把握国家和地方学前教育改革发展的精神，结合幼儿园和个人实际开展研究，就有可能找到好课题，并使教科研工作和幼儿园发展形成相互促进关系。在这个过程中幼儿教师需要注意两个方面。

（1）避免选题过大，应该从大问题中选择有价值的小问题。大问题并不表明研究的价值就一定大，小问题并不表明研究的价值就小。在教育改革的政策方针指导下确立个人研究课题时，要尽量避免提出一些大的问题。这主要是因为受制于单薄的学识基础和有限的研究能力，幼儿教师往往无法驾驭大问题的表述和研究，因此大多只能写出空泛的、一般性的、深度不够的小作品来。适合于幼儿教师的研究方式是"小题大做"，也就是深入到教育实践中的某一个方面，提出一个能够触及问题实质的小问题。

（2）避免避重就轻，应该根据幼儿园实际直面研究主题。很多幼儿教师会回避当前教育实践中尤其是自己所在的教育环境中那些真正值得研究的问题，存在照搬文件、脱离实际、内容空洞、新瓶装旧酒等倾向。例如《纲要》颁布后，城镇和乡村的民办公办幼儿园发展过程都面临同样的挑战，如"城乡各类幼儿园如何因地制宜地实施素质教育"、"幼儿园教育如何遵循幼儿身心发展的规律和学习特点，促进每个幼儿富有个性地发展"、"什么样的内容既适合幼儿的现有水平又有一定的挑战性，既符合幼儿的现实需要又有利于其长远发展"，这些问题是各个幼儿园需要直接面对的问题，虽然这些问题以前有过相关的研究，但是在中国城乡出现发展不均衡和幼儿园发展两极分化的背景下，探讨这些问题有着独特的时代意义和价值。而幼儿教师在研究这些需要亟待解决的问题的过程中，应站在前人研究基础上进行继承和发展，体现出发展性、时代性和创新性。

（三）从学习过程中发现的问题中提炼研究课题

在解决幼儿园教育教学中的问题时，幼儿教师会针对这些问题进行深入的学习和思考，可以从中择取进行探究。可以是对已有的教育教学理论进行质疑，也可以是在学习教育教学相关文献的过程中，或者是在听专家的报告过程中，在参加学术交流和参观学习过程中，思考自己幼儿园和自己教育教学中的问题，生发很多灵感，得到很多启迪的。幼儿教师在借鉴他人的成功做法的同时，思考如何改进自己的教育教学工作，研究课题便有可能应运而生了。例如，当下很多幼儿园在学习瑞吉欧的方案教学，尝试进行项目教学活动及幼儿档案袋的研究，在这个过程中幼儿教师就会思索方案教学应当如何与幼儿园教育教学融合在一起，教师如何才能成为幼儿学习活动的支持者、合作者、引导者。

（四）从各级课题指南中选择研究课题

我国每五年发布一次课题研究计划，例如"十一五"研究课题、"十二五"研究课题。国家和地方教育主管部门，乃至学前教育研究会都会发布一些与学前教育和幼儿园相关的课题研究指南，各地的教科所和教研部门都会在相应的时间为幼儿园提供相关的信息。这些科研课题、教研课题也是幼儿教师一个重要课题来源。很多幼儿园都组织或者参与了各级各类的课题研究，这些研究为解决幼儿园的教育教学实践问题和促进幼儿教师的专业发展提供了良好的契机。

中国学前教育研究会发布了"十二五"课题指南，这些课题很多都与幼儿园的教育教学实践密切相关，幼儿教师可以结合自己的实践，从选题指南中选择力所能及的研究课题。

资料

中国学前教育研究会"十二五"课题指南[①]

一、指南说明

2010年,国务院连续发布了《国家中长期教育改革和发展规划纲要(2010—2020)》(以下简称《规划纲要》)和《关于当前发展学前教育的若干意见》(以下简称《国十条》),确定了学前教育的改革与发展的大政方针。我国学前教育事业迎来了发展的大好形势。

为了贯彻落实《规划纲要》和《国十条》的基本精神,探讨和解决新形势下学前教育发展中的各种问题,提高保育教育质量,促进起点公平,中国学前教育研究会第七届理事会决定研制并发布我会"十二五"课题指南,以引领我会会员和全国学前教育工作者围绕《规划纲要》和《国十条》中所提出的发展任务和要求,根据本地、本校、本园的实际问题、实际需要和实际能力与条件开展研究。

我会"十二五"课题指南的研制秉承以往的基本思路和基本原则,凸显现实问题,指明研究方向,提供参考选题,激发广大会员参与教育研究的积极性,同时,鼓励创新,讲求实效。鉴于我会会员组成的多层次性和工作性质的多样性,"十二五"课题指南既包括适合大专院校(包括高职高专)教师和教研科研人员的课题,也包括适合行政管理干部、幼儿园园长和教师以及报纸杂志编辑等有关人员的选题。

同时,为了更好地配合国家发展学前教育的战略部署,本届理事会决定在建议一般研究课题的基础上设立重点攻关项目,就一些重要和急迫的问题,组织力量,联合攻关,并给予适当的经费支持。

二、重点攻关项目

(一)非营利性民办幼儿园良性发展的机制研究

(二)学前教育质量评价体系构建研究

(三)职后幼儿教师资培训的标准、模式与课程研究

(四)普惠性幼儿园的基本标准和维持体系研究

(五)政府主导发展学前教育的实践模式研究

[①] 中国学前教育研究会."十二五"课题指南, http://www.cnsece.com/news/201142/n55759601_3.html.

三、建议的一般课题

（一）学前教育事业发展与管理

本方向涉及学前教育事业发展现状，存在的主要问题，各地针对具体的问题进行的政策探究和实践探索；幼儿园发展的现状和存在的问题，在幼儿园管理过程中针对具体问题开展的研究和探索；学前教育机构保教质量评价与监控的研究。

1. 区域学前教育事业发展的现状、问题及对策研究
2. 学前教育事业发展规划的编制与执行研究
3. 学前教育管理体制与机制的历史、现状、问题与对策研究
4. 民办幼儿园的发展与管理研究
5. 以社区为依托发展早期教育的研究
6. 小区配套幼儿园的建设与管理研究
7. 幼儿园收费标准及有关政策的研究
8. 发展农村学前教育的途径与方法研究
9. 学前教育机构分级分类管理与质量监控研究
10. 各级教研部门的职能与作用发挥机制研究
11. 幼儿园人力资源管理问题的研究
12. 幼儿园文化建设的研究
13. 幼儿园安全管理的研究
14. 不同类型幼儿园生存状态的研究
15. 学前教育拨款使用效率研究
16. 县域农村学前教育发展机制改革研究
17. 示范性幼儿园在"广覆盖保基本"的公共学前教育体系中的位置与作用研究

（二）学前儿童发展与教育

本方向涉及学前儿童身体、认知、情感和社会性等方面的发展，以及各种有利于学前儿童发展的培养策略的研究。

1. 幼儿科学探索过程的技能（观察、分类、运用时空、确立关系、数量化、测量、实验、解释数据、下定义等）培养与学习方式的研究
2. 幼儿科学领域的"核心经验"及其获得方式研究
3. 幼儿对于数量关系的理解及其数学思维能力培养研究

4. 幼儿数学操作性学习及其教学策略研究

5. 幼儿想象力发展的支持性策略研究

6. 幼儿审美能力与创造力的发展实践研究

7. 幼儿园汉语和少数民族语言双语教学研究

8. 幼儿自我概念获得方式的研究

9. 不同依恋关系的幼儿入园适应教育方案研究

10. 幼儿自我控制能力的培养研究

11. 有特殊需要幼儿的教育干预方案研究

12. 婴幼儿情感情绪表现及教师回应策略的研究

13. 幼儿合作能力培养的研究

14. 幼儿对于规则的理解与执行力研究

15. 幼儿交往的发展特点与培养研究

(三) 幼儿园健康与安全教育

1. 幼儿园安全制度建设现状与对策研究

2. 幼儿园保育保健质量评估体系研究

3. 幼儿健康行为与健康教育研究

4. 0—3 岁幼儿的健康教育研究

5. 农村幼儿的健康现状与教育研究

6. 幼儿户外体育锻炼研究

7. 幼儿体育与幼儿安全研究

8. 幼儿园保健老师的专业发展研究

9. 幼儿安全教育问题的研究

10. 幼儿自我保护能力发展特点及其教育活动设计研究

11. 因地制宜开展体育活动实践研究

12. 以情境为导向的体育活动的实践研究

(四) 幼儿园的课程

本方向涉及幼儿园课程的现状与问题，幼儿园课程的改革和发展；幼儿园教育活动的组织形式与方法策略；幼儿园课程资源的挖掘与利用，幼儿园教育环境的创设与利用等研究。

1. 幼儿园课程方案的审核与监管研究

2. 幼儿园课程评价与监测体系建设研究

3. 农村幼儿园课程现状调查研究

4. 幼儿园与小学教学内容与方法的衔接状况与改进研究

5. 西部地区农村学前一年混龄教育课程研究

6. 幼儿园课程资源创造性开发与利用研究

7. 幼儿园集体教学活动的适宜性与有效性研究

9. 幼儿园多媒体教学手段的合理运用研究

10. 幼儿园课程管理研究

11. 不同经济文化背景下幼儿园课程的适宜性研究

12. 幼儿园活动区活动的现状、问题与对策研究

13. 运用动态评价指导幼儿学习的研究

14. 整合观念下各领域教育有机联系、相互渗透研究

15. 各领域教育实施的有效途径和方法研究

（五）游戏与玩具研究

幼儿园游戏的现状与问题，幼儿园游戏的创新与发展；游戏材料的开发与利用；幼儿园教玩具的开发与利用等。

1. 民间游戏引入幼儿园教育的研究

2. 幼儿园玩教具基本配置的研究

3. 游戏资源及其开发的研究

4. 有特殊需要儿童的支持性游戏研究

5. 不同年龄段幼儿游戏特点及教育策略的研究

6. 游戏中的幼儿学习、发展评估与教育支持研究

7. 不同年龄班角色游戏中模拟实物与替代物作用与效果的比较研究

8. 不同结构游戏材料与幼儿游戏行为的关系研究

9. 结构游戏材料的投放方式与游戏中的数学经验研究

10. 沙水游戏的辅助材料投放与游戏中的科学经验研究

11. 幼儿园区域活动指导的适应性策略研究

12. 幼儿文学作品鉴赏与表演游戏的开展研究

13. 运动性游戏的挑战性与安全性研究

14. 益智区材料的投放方式与幼儿行为的关系

15. 幼儿合作游戏的年龄特点及其促进研究

16. 农村大班额背景下游戏活动的开展研究

17. 混龄幼儿共同游戏的组织与指导研究

18. 幼儿自发游戏的观察、支持与引导研究

（六）家庭、幼儿园、社区协同教育

本方向主要涉及幼儿园与家庭、社区在学前教育儿童教育领域的相互支持、协作与配合研究；关注幼儿园、家庭与社会协调教育的现状；研究幼儿园、家庭与社区有效配合的途径与方法。

1. 家、园、社区协同教育研究

2. 幼儿园家庭教育指导策略的研究

3. 家园沟通中的问题及其改善策略研究

4. 幼儿园亲子活动的有效性研究

5. 新入园幼儿家长辅导研究

6. 家庭中玩具的选择、运用与指导研究

7. 有特殊需要儿童的早期教育状况与对策的研究

8. 提高0—3岁儿童家长保教能力的研究

9. 缓解新生入园焦虑的对策研究

10. 提高幼儿家长教育效能感的研究

（七）教师专业发展与教师教育

本方向涉及学前教育师资职前培养与职后培训的现状、问题及改革措施研究；学前教育师资的专业成长规律及专业标准研究；各类教师教育机构的课程与教学研究；我国学前教育教师教育体系的建立和完善的研究。

1. 幼儿教师维护权利途径及效果的研究

2. 幼儿园教师的工作状况与工作环境研究

3. 专业刊物在幼儿园教师专业发展中的作用

4. 幼儿师范院校调整政策及其影响的研究

5. 各国幼儿园教师政策、法律及其对我国的启示研究

6. 幼儿教师职后培训有效模式的研究

7. 教育技术与教师专业成长研究

8. 教师的自身职业规划、职业理想对其发展的研究

9. 学前教育专业免费师范生培养与就业情况调查研究

10. 幼儿教师培养培训机构准入机制及标准的研究

11. 幼儿园各类岗位人员的准入的专业标准研究

12. 学前教育专业的办学资质与标准化研究

13. 幼儿园不同学历学前教育专业毕业生工作适应状况研究

14. 本科与高职院校学前教育专业的教学改革研究

15. 学前教育本科、高职高专、中专系列教材建设研究

16. 高职高专学前教育专业生源质量调查与分析研究

17. 学前教育专业初中起点五年制专科培养模式研究

18. 五年制学前教育专业毕业生科学文化素养状况研究

19. 农村幼儿教师培训模式与方法的研究

20. 基于幼儿园实践的教师发展评价研究

21. 不同办园体制下幼儿教师生存状态的研究

22. 非在编幼儿教师的待遇和社会保障问题研究

【阅读推荐】

1. 王福强. 用心做教研：一线教师最需要的教研策略. 长春：吉林大学出版社，2010.

本书作者认为，从走上讲台起，不论是否自愿，教师都不可避免地要参与教科研活动。作者结合案例主要分析和阐述了与幼儿园、中小学教师的教科研工作密切相关的内容，具体包括：打破尴尬——走出教研误区；找准定位——明确教研角色；取舍有度——甄别教研问题；聚焦课堂——抓住教研核心；反思成长——强化教研动力；合作共赢——共建教研天地；坚持行动——走出教研新路；有效移植——享受教研成果。

2. 刘华. 幼儿园科研现状有感. 早期教育，2006（6）.

作者在介绍了当前幼儿园科研中存在的问题的基础上，从幼儿教育的科研课题严格把关、严格审批，以及对幼儿园科研课题工作进行指导等方面阐述了如何提高幼儿园科研的质量和效果。

3. 网站资源

中国学前教育网，www.preschool.net.cn；上海学前教育网，www.age06.com；北京学前教育网，www.bjchild.com；中国学前教育研究会，www.cnsece.com 等学前教育专业方面的网站上有很多幼儿教师和研究者提出的关于当前幼儿园教科研课题选择的经验和总结，值得广大幼儿教师学习。

【思考与探索】

1. 当前很多幼儿园大张旗鼓地开展了各种各样的研究。在当前的研究中出现了这样一种现象：一些幼儿园热衷于搞课题，想方设法去挂上某个级别的课题，目的是为了增加其社会影响，提高幼儿园的知名度。有人认为这种现象导致了当前幼儿园教科研中存在不少质量不高、价值不大，甚至有一定危害的课题。你对这种现象是如何看待的？

2. 向一些申请各级研究课题成功的幼儿教师交流和学习，并借鉴他们申请研究课题成功的经验。

第三章　如何开展幼儿园课题研究

【内容提要】本章主要阐述了幼儿园科研课题选择的注意事项和正确选题的意义，以及文献资料的来源和收集文献资料的原则；阐述了幼儿园科研课题研究方案设计的必要性与要求、基本结构；阐述了幼儿园科研成果表述的意义与形式。

【问题导引】通过本章学习，能深入思考和分析以下问题：一是幼儿教师如何通过查阅文献资料来确定适宜的选题？幼儿教师可以通过哪些途径获得有效的文献研究资料？二是思考并分析为什么在开展研究前一定要设计并制定详细周密的研究计划?

幼儿教师开展教科研是一个系统的探索过程，必须遵循一定的程序和步骤。一般情况下，一项科研课题研究至少要包括以下几个方面的环节：选定科研课题；查阅文献资料，进行课题论证；选定研究方法；制定研究计划；开展研究；整理分析研究资料；撰写研究报告或者是研究论文。

第一节 幼儿园科研课题的选定与文献资料查阅

选好一个课题不容易，其难度不亚于解决问题。它往往要依赖人们的专业知识基础、对当前形势的把握以及对客观事物、现象的敏锐性。对幼儿教师来说，在开展课题研究之前要思考几个问题：要研究什么？为什么要研究？怎样来研究？其中前两个方面的思考实际上就是选择和确定研究问题的过程。研究课题是一个有待于解决、验证或者是回答的问题。有待于解决的问题，例如"幼儿分享阅读教学策略与方法的研究"，关键是要通过研究，找到能够有效地提高幼儿分享阅读的策略与方法；有待于验证的问题，例如"教师正向语言引导与幼儿自律行为的关系的研究"，其研究重点是要通过实验研究，验证幼儿教师的正向语言引导能否有效地促进幼儿自律行为的发展；有待于回答的问题，例如"上海市早教机构运营情况的调查研究"，其主要是要通过调查回答上海市早教机构的运营状况究竟如何，等等。

幼儿教师如何选择科研课题的问题，在本书的第二章中有比较详尽的论述，这里就不再展开。这里主要论述幼儿教师选定适合的研究课题的重要价值与意义，以及针对幼儿教师在此过程中容易犯的错误，提出一些应该注意的事项。

一、正确选定研究课题的意义与注意事项

（一）正确选定研究课题的意义

所谓选题正确，是指应当选择有意义的并且问题提法准确，有可能实现的科学问题来进行研究。尤其对于幼儿园教科研，选题是否正确，意义十分

重大。

1. 正确选定研究课题既是研究过程的首要环节，也是有效进行研究的先决条件

准确地选择研究问题是研究工作的起点和出发点。因此，是否善于提出问题是科学研究的关键，它决定研究价值大小，决定研究的成功与否。选题不当是导致研究失败的最常见原因。正因为如此，伟大的科学家们，如爱因斯坦、贝尔纳等，都认为提出一个问题往往比解决一个问题更重要更困难。

2. 准确选题不仅可以保证研究的方向，还可以提高课题研究的效率

一项好的科研课题不仅具有较强的科研价值，如理论价值、方法价值、决策价值和实践价值，而且恰当的选题也决定了清晰的研究目标、对象和适合的方法，能够从根本上保证课题研究的方向，从而使研究者少走弯路或者不走弯路。

（二）正确选题应注意的问题

1. 选定的研究课题必须是一个亟待解决、验证或者回答的问题

如果研究选择的是根本不可能解决的，或者是难以验证与回答的问题，这样的研究课题是难以取得预期成果的。例如，有的幼儿教师把"幼儿园环境创设的几点思考"作为研究课题，由于这个题目本身不具有问题性，因此难以谈得上是对问题的解决、验证或者回答。

2. 研究课题不能太大，太笼统

幼儿教师在选题过程中最容易出现的问题就是题目过大，太笼统，从题目中难以看到研究对象和研究目的，这样的研究课题是难以开展的。例如，有一个"关于幼儿自控力的研究"的课题，从题目看，要研究的问题是幼儿的自控力，其中，自控力和幼儿是两个核心概念，自控力是要研究的具体事物，而幼儿是要研究的具体人群。仔细分析一下，我们可以发现，这个课题表述不明确，很是笼统，这些不明确的因素有以下两个方面：一是幼儿的具体外延尚不清楚，是指全世界的幼儿，还是中国的幼儿？或者某个地方、某所幼儿园的幼儿？是当前的幼儿，还是某个年代的幼儿？在课题界定中，必

须把幼儿这一人群的外延确定下来，即在地域与时间两个维度上明确研究范围。二是究竟研究自控力的什么方面是不够明确的，是研究自控力的发展水平和特点，还是研究自控力的发展机制？是研究自控力的构成，还是自控力的培养？在课题界定中，应把具体研究的领域、内涵规定清楚，这样课题才有操作性。

以"开展幼儿英语教育问题"的研究为例，这个题目涵盖的内容很多，至少包括如下几个"小"的问题：幼儿英语教育目标、原则、途径、方式、方法、管理与评价的研究，幼儿英语教育教材建设、玩教具设计、环境创设的研究，幼儿英语教育与幼儿身心发展、与其他课程学习内容的关系研究等等。如果我们再进一步明确研究范围的话，如研究"城市幼儿园英语教育环境创设的研究"，可以深入为以下几个具体问题：城市幼儿园英语教育目的是什么，环境创设的内容有哪些，意义是什么，原则是什么，途径和方法有哪些，等等。对幼儿教师来说，选题宜小不宜大，要小题大做，不能大题小做。课题越大越难以驾驭。课题只有具体了，研究对象明确了，研究范围清晰了，研究才能顺利开展。

二、查阅文献资料

在选定研究课题之后，研究者紧接着要开展的就是查阅文献资料的工作了。文献资料对幼儿园课题研究来说十分重要。因为要想知道别人做了些（或正在做）什么研究以及他们是怎样研究的，要想自己的研究建立在已有的研究基础之上，要想自己的选题具有前瞻性并避免重复，都必须查找文献。作为记载、传承人类文化知识载体的文献，是一切科学研究的基础，从选题、课题设计，到课题实施、撰写论文或报告，都离不开文献的支撑和利用。

（一）查阅文献资料的重要价值

1. 从整体上明确研究课题，把握课题研究的基本状况，丰富研究构思

通过进一步查阅文献资料，可以了解是否有人做过同样的课题，前人的研究设想、方法、步骤以及在这一研究领域里已取得哪些研究成果，把握相

关方面的研究历史和现状，了解哪些问题已经基本解决，哪些问题有可能寻求新的突破，使自己的选题紧紧盯住那些尚未解决的问题，从而避免低水平的重复研究。同时，深入查阅文献，也使得幼儿教师在对研究课题比较全面系统的把握基础上，开拓思路、博取精华，丰富自己的构思。

2. 对课题研究的关键概念进行界定，为研究提供科学依据

对关键概念进行界定，就是给出明确的定义。在幼儿园课题研究中，要对关键概念进行界定，就需要在查阅文献资料的基础上，在相对权威的定义中结合自己的研究目的进行界定。有了明确的定义，不仅可以使得课题的研究在确定的范围内开展，思路明确清晰，具有可操作性，而且可以使得课题研究成为一个有确切含义的问题，具有科学性。通过查阅文献资料，可以从相关的研究成果中受到启发，找到课题研究的详细路径，从而为科学论证自己的观点提供丰富的、有说服力的依据，使得研究建立在可靠的基础上。

（二）文献资料的来源和收集文献资料的原则

查阅文献应注意方法与技巧，查阅前应先全面广泛浏览有关领域的主要索引、文摘、科研情报及动态之类的简易的、概括性强的资料，然后按图索骥从中再查找与自己研究有关的重要资料，善于抓核心文章中的核心思想，并对文献资料作进一步的分析、思考，提高对资料真伪和价值的判断力和敏感性。

1. 文献资料的来源

文献资料的来源包括书籍、报纸、期刊和网络等。书籍由于篇幅不受限制，故系统性和深度都较强，但由于其出版周期长，所以反映的成果不可能是最新的，一般是比较普遍为行内接受的。报纸出版周期短，反映的成果往往较新，但由于篇幅限制，只能作较粗的介绍。另外报纸的信息属动态性的居多，理论探讨和问题研究的较少。教育类期刊，尤其是学前教育类期刊较多集中了学前教育方面的最新研究成果，因而受到幼儿教师的关注较多。我国教育综合类专业期刊达 416 种，其中影响较大的学前教育类期刊有《学前教育研究》《幼儿教育》《学前教育》《早期教育》等。互联网是一种有效的收

集资料的途径，如中国教育与科研计算机网（www.edu.cn）、中国基础教育网（www.cbe21.com）、中国学前教育网（www.preschool.net.cn）、上海学前教育网（www.age06.com）、北京学前教育网（www.bjchild.com），等等。

2. 文献资料的检索

教育类文献资料的检索工具主要有以下几种：

（1）书目、索引与文摘。用于查找书目的工具书有《全国总书目》、《全国新书目》、各出版社的《图书目录》等。用于查找文章的工具有《全国报刊索引》《报刊资料索引》《中文报刊教育论文索引》等文摘，如《新华文摘》《教育文摘周报》等。

（2）在中国人民大学书报资料中心编印的《复印报刊资料》中查找。其中教育类方面的有十多种，如《教育学》《幼儿教育》《家庭教育》等。这一套复印资料是从全国相关报刊中精选出来的，具有一定的代表性和权威性。

（3）从图书馆的计算机检索系统查找。很多大型的图书馆都有电子期刊、电子图书资源以及图书报刊文献，读者只要在计算机上输入检索要求，计算机便可在瞬间列出有关的书目或文章。所输入的检索要求可以是作者、刊物名称或关键词。其中关键词检索是最方便有用的检索方式。读者只要根据自己的内容需要，找出与这内容有关的关键词，输入到电脑里便可马上得到与该内容有关的书目或文章题目及其出处。例如研究课题是"农村民办幼儿园教师专业发展研究"，研究者要通过电脑查找资料，则可输入关键词"民办幼儿园"，或"农村幼儿园""幼儿教师专业发展"。现在有的大型图书馆还设有语音检索文献资料的服务项目。

3. 收集文献资料的原则

为了提高幼儿教师资料收集的有效性，幼儿教师在搜集课题文献资料时应注意以下原则：[①]

（1）客观性原则

[①] 林宝妹. 如何搜集幼教科研资料. 教育导刊（幼儿教育），2006（6）.

这是搜集科研资料的首要原则。有些教师在进行科研时，往往是从已有的观念或假设出发，再去寻找材料，或任意裁剪客观材料来证明自己当初的假设。这种做法是不对的。科学研究和搜集资料必须一切从事实出发，尊重事实，反映事实。研究者只有客观地搜集科研资料，如实地反映教育事实，才能达到课题研究的目的。要坚持实事求是的科学态度，避免主观偏见或错误的联想对搜集资料产生影响。只有坚持客观性原则，才能获得可靠的科学事实。

（2）真实性原则

这一原则是针对搜集的资料而言的。教育的本质或规律往往隐藏在表象或假象背后，因此搜集资料时就必须特别注意到哪些是真实的，哪些是虚假的，不要被假象或表象欺骗了。

（3）全面性原则

只有对研究的问题有充分的认识，才可能解决问题，从而总结出教育教学的规律。然而出于种种原因，有些研究者会以偏概全，没有掌握足够的资料就妄加论断，得出所谓的规律或结论。这种规律或结论不但不能解决问题，反而会使原本简单的问题复杂化，使研究走向错误的方向。任何问题的最终解决都不能凭主观臆测，也不能简单地用一两个事例或现象来搪塞，而是要根据实际，全面了解情况，再进行归纳与总结。

（4）针对性原则

对于一线幼儿教师自身来说，所有的教育活动以及与此相关的一切信息都是需要关注的。但幼教科研是有计划、有明确目的的活动，它与一般的了解教育情况不同，在搜集资料的时候应有明确的针对性。就某一课题而言，搜集的资料应是有范围的。只有有的放矢，才能事半功倍。

第二节　幼儿园科研课题的研究方案设计

幼儿教师在选定研究课题、检索文献之后，接下来的工作便是课题研究方案设计。课题设计是幼儿园科研工作中重要的一步，它是否完善，不仅直接影响着课题的研究目标能否达到，研究的结果是否科学、可靠，而且也影响着整个研究工作能否顺利进行，是否有效率。课题研究方案设计的主要任务是从整体上对研究的问题、研究的目的和意义、研究的主要内容和方法、研究的重点难点、预期成果、人员分工和费用等因素进行具体的论证、分析和预测，从而确定一个合理可行的研究方案。

一、幼儿园课题研究方案设计的必要性与要求

（一）制定课题研究方案的必要性

课题选定以后，就要围绕课题制定研究方案。研究方案就是如何进行课题研究的具体设想。(1) 研究方案是研究者开展研究的蓝图。研究者通过制定研究计划，使研究的目标、范围、步骤更加明晰，使课题具体化、可操作化。(2) 研究方案是科研课题申报的主要内容。课题申报首先要提交研究计划，虽然这时它以课题论证的形式出现，还不是实施意义上的计划，但它已包含了研究计划的主要思路。科研管理部门要通过对所申报计划的分析，确定是否接受对它的立项。(3) 在研究过程中，研究方案是研究实施的指南。课题主持人需根据研究的要求安排、调整时间、人员和有关行动。各课题参与者根据研究计划统一思路、互相协调，使研究得以顺利进行。(4) 在研究的过程中以及研究结束后，科研管理部门或领导者要对照计划检查研究工作的进展或完成情况，对其进行评估鉴定。由于研究方案的这些重要作用，我们必须重视幼儿园课题研究方案的制定。

（二）制定课题研究方案的要求

撰写一份研究计划，首先必须了解研究方案的基本要求。基本要求可以概括为以下四个问题[①]。

1. 研究什么

---

① 吴明清. 教育研究——基本观念与方法分析. 台北：五南图书出版公司，1991：564-565.

人们阅读一份研究计划时第一个反应往往是：这个课题要研究什么？因此，研究者必须明确地回答这个问题，让别人了解，要研究的是什么。要回答这个问题，首先要有合适的标题，标题最好能涉及研究的范围、对象、内容和方法；其次，要明确提出研究问题，让别人了解研究问题的性质；第三，要列举研究的待答问题或研究假设，让别人了解研究的重点；第四，要界定研究的变量及关键名词，让别人了解研究的范围。

2. 为什么研究

在解决了研究什么问题之后，人们很自然会继续发问：为什么要从事这项研究？因此，研究者必须在研究计划中解释从事这项研究的理由。要回答这个问题，首先，要说明研究动机；其次，要提示研究的重要性和必要性，揭示研究的意义和价值；第三，要列举研究的具体目标。

3. 如何研究

当了解了研究的理由之后，人们顺理成章地想知道研究将如何进行。因此，第三个问题就是：如何进行研究？要回答这个问题，首先，要说明研究的方法与实施程序，其中包括研究对象及其取样、研究的方法与步骤、研究工具的选择与编制、收集资料的程序、资料分析的方法等；其次，对研究资源的合理配置，包括研究人员的组织、研究进度的安排、研究经费的预算等。

4. 有何成效

研究的价值体现在研究结果对现实世界和精神世界的贡献上。因此，人们最后总会问：研究最终会获得什么样的研究成果？要回答这个问题，首先，研究者必须在研究计划中具体说明研究的预期成效；其次，要有成果达到的水平和体现形式。

对于幼儿教师而言，无论采用什么格式撰写研究方案，以上四个问题是必须要具体回答的。只有涵盖了这四个基本要求，研究计划中才不会遗漏必要的信息和内容，才能得到更多的外部支持。当研究计划完成后，我们也可以按是否清楚地回答了这四个问题来评价研究方案的优劣。

此外，在制定计划中应使课题组的所有成员都参与考虑、讨论，就研究计划的各个方面充分发表意见。这样一方面可以使计划更为周详，另一方面可以使课题组成员在这一过程中更为明确研究的设想和个人的任务、角色，从而为研究的开展打下良好的基础。以下为一个幼儿教师的课题研究方案设计。

[案例]

农村幼儿园青年教师教学行为优化的实践研究课题方案设计[①]

一、课题的核心概念及其界定

本课题中的"青年教师"是指那些刚刚从事幼儿教育工作不到5年的幼儿教师。

结合专家学者的理论指导，本课题中"教学行为"是指幼儿教师引起、维持和促进幼儿学习的所有行为。它是由内在的教学能力、教学技能和教师的实践智慧转化而来的活动状态，表现为三种性质：程序性的教学行为、生成性教学行为、策略性教学行为。

"优化"是指采取措施，使其向优良方面变化、发展。

"教学行为的优化"首先是指教育理念的不断更新，并且在正确的教育思想的指导下，通过采取一系列的措施，使青年教师的教学行为向优良的方面变化和发展。

二、研究现状与价值

通过查阅资料和信息搜索，我们发现，无论是国内还是国外，非常重视青年教师的培养及研究，许多政府和学校都制定了青年教师的培养计划或长远规划。但对青年教师在具体教学操作层面上的研究尚少。

在幼教研究领域，有关于青年教师培养的研究，有关于农村幼教现状的调查，这些研究多为宏观性的研究，偏重于政策的指导、制度的制定、整体

---

① 本案例是江苏省教育科学"十一五"规划课题，申请者为连云港市赣榆县实验幼儿园赵忠霞老师，申请时间为2006年5月。本章节中为了说明幼儿园教师如何申报课题，仅引用其课题申报的主要环节作为范例，在节选的过程中根据需要有删节。转自：http://www.jssghb.cn/xmgl/115zdzz.htm。

培养计划的制定等等。

以上的这些研究成果和科学理论为本课题的研究提供了理论的指导和信息的帮助。

本课题与以上的研究有着相同的研究领域、研究对象、研究目标。但又与以往的研究有着明显的不同：一是研究对象由普遍意义上的"青年教师"具体为农村幼儿园的青年教师；二是研究的切入点由宏观性、制度性的研究转换为具体的教学行为的研究；三是研究的重点是探索农村幼儿园青年教师教学行为优化的方法、途径和策略。

本课题的研究对普遍意义上的青年教师培养研究是一种细化、丰富和补充。对农村幼儿园所面对的青年教师素质普遍偏低的现状是一种策略指导，对研究对象个体的素质提高有着促进作用，对提高农村幼儿园的整体保教水平有着积极的影响。

三、研究目标与内容

（一）研究目标

1. 了解农村幼儿园青年教师的教育行为现状，分析存在的问题以及她们的困惑，并在实践中帮助她们加以疏导和解决。

2. 通过实践活动，逐步提升青年教师的教育理念，规范优化青年教师的教学行为，探索优化青年教师教学行为的策略和方法，建立实用的、可操作的、科学的优化教学行为体系，为广大农村青年教师提供科学可行的行为指导。

3. 提高农村幼儿园青年教师的教育能力和教育素质。

（二）研究内容

1. 农村幼儿园青年教师的教学行为现状及困惑的调查研究。

2. 影响农村幼儿园青年教师教学行为因素的研究。

3. 优化农村青年教师教学行为的策略和方法的研究。

（1）青年教师教学设计行为的优化。

（2）青年教师教学引导行为的优化。

(3) 青年教师教学合作行为的优化。

(4) 青年教师课程资源开发和利用行为的优化。

四、研究方法与过程

(一) 研究方法

1. 调查法：通过问卷、访谈等方式，调查了解农村青年教师的教学行为现状、在教学过程中的困惑，为课题的研究提供充足的事实依据。

2. 行动研究法：在实践操作过程中，探索优化教学行为的方法、途径和措施，并根据研究中遇到的具体情况，不断反思、研讨、调整和完善。

3. 个案研究法：运用个案研究法研究个体对象的发展过程，揭示青年教师教学行为优化的一般规律，为课题研究提供必要的支持性材料。

(二) 研究过程

1. 准备阶段 (2006年9月—2006年12月)。

成立课题组，进行分工，收集、查阅资料，制定研究计划。

2. 实施阶段 (2007年1月—2008年12月)。

(1) 调查研究 (2007年1月—2007年8月)：通过问卷调查，了解农村幼儿园青年教师的教学行为现状，了解青年教师在教学过程中的困惑，把握青年教师在教学行为中存在的主要问题。

(2) 实施操作 (2007年9月—2008年12月)：针对青年教师在教学准备、教学实施、教学评价等环节中的交往行为和管理行为等，分别进行指导、研讨、反思、调整和总结。

3. 总结阶段 (2009年1月—2009年8月)。

收集、汇总相关的研究材料，撰写研究报告，提出结题申请。

二、幼儿园科研课题研究方案设计的基本结构

幼儿园教育科研的课题各种各样，其研究方法也各有不同，但其研究方案的结构则是大同小异。它基本上包含了以下几个方面。

1. 研究问题与对象。就是对研究问题做出具体界定，明确研究对象的内

涵和外延。任何研究课题都必须有一个名称表述其所研究的问题。课题名称应该简明、醒目，使人一看就能对课题有个大致的了解，并留下深刻的印象。在课题名称中也应尽可能说明研究对象、研究问题和研究方法。例如从课题"关于幼儿园科学教育活动现状的调查分析——以安徽省合肥市蜀山区公办幼儿园为例"中可以看出，研究对象是安徽省合肥市蜀山区公办幼儿园，研究的问题是科学教育活动，研究的方法是调查法。

2. 研究目的与意义。这是回答"为什么要进行这一研究？它有什么价值？本研究要解决什么问题？解决理论层面还是实践中的问题？它产生的背景是什么"等问题，即课题研究在理论创新和推进实践等方面的意义。其目的是使人们，包括研究者本身，认识进行该研究的必要性。它可以从以下方面来阐述。

（1）清晰地界定研究目的。研究目的即研究者预期取得的成效，是整个研究的出发点和归宿。简单地讲，幼教科研的目的是解决幼儿教师实践中的教育教学问题。这些问题可能是理论的，也可能是实践的，但都是现实存在的对教育活动有影响的问题。在科研方案中，"解决问题"这一笼统的目的需要具体化、明确化为可操作、可验证的各项研究目标。幼教科研就是有计划地解决问题的活动，这种活动和一般活动相比，更具计划性、创新性和严密性。如上述案例的"农村幼儿园青年教师教学行为优化的实践研究"课题，它的研究目的包括：了解农村幼儿园青年教师的教育行为现状，分析存在的问题以及她们的困惑，并在实践中帮助她们加以疏导和解决；通过实践活动，逐步提升青年教师的教育理念，规范优化青年教师的教学行为，探索优化青年教师教学行为的策略和方法，建立实用的、可操作的、科学的优化教学行为体系，为广大农村青年教师提供科学可行的行为指导；提高农村幼儿园青年教师教育能力和教育素质。

（2）明确研究的现实背景。客观地指出该研究所针对的问题在现实中的普遍性、紧迫性与严重性，从而表明为解决该问题而开展研究的必要性。

（3）充分论证课题研究的价值与意义。论证课题的价值，一般包括理论价值与现实价值。第一，课题研究的理论价值。教育科学研究可以帮助人们认识教育活动的本质，更好地把握教育活动的规律，这是教育科学研究的理论价值。幼儿园教育科研也有理论价值，即它有助于深化人们对幼儿教育活动、幼儿教育要素的具体认识。比如，重新认识幼儿的发展水平、学习潜能，重新认识师幼之间的交往互动方式、教师评价的效能，从而树立新的幼儿教育理念，形成新的教育思想等。第二，课题研究的实践价值。通过科学研究，可以找到解决问题的新思路、新方法、新技术、新模式，从而促进问题解决，这是科学研究的实践价值所在。幼儿园教育科研的主要价值也就在于改进幼儿教育实践。"幼儿园教育科研和幼儿教育实践常常是合二为一的，即课题研究是在教育实践探索中进行的，教育过程就是实验过程，这是幼儿园教育科研的突出特点。这一特点决定了幼儿园教育科研内在的实践价值。"[①] 上述案例的研究价值在于："本课题的研究对普遍意义上的青年教师培养研究是一种细化、丰富和补充。对农村幼儿园所面对的青年教师素质普遍偏低的现状是一种策略指导，对研究对象个体的素质提高有着促进作用，对提高农村幼儿园的整体保教水平有着积极的影响"。

3. 研究对象与内容。教育研究总是指向一定的对象。为了保证研究的有效性和清晰性，在进行研究时必须先对研究对象明确界定，以避免因不同人从不同的视角来理解而带来的混乱。

（1）研究对象。就是要在研究中对一些模糊性的概念进行界定，明确研究对象的内涵与外延。

（2）研究内容。研究内容也是研究问题，它是研究计划的主体，回答研究什么的问题。它把课题所提出的研究问题进一步细化为若干小问题。研究内容的多少与课题的大小有关，课题越大内容就越多。在研究计划中往往把研究内容或问题冠以顺序号一一列出来。在幼儿园科研工作中，为了提高教科研的质量，在课题设计过程中，应高度重视研究内容的分解工作，努力把

---

① 张允. 如何设计与申报幼教科研课题. 教育导刊（幼儿教育），2004（2）.

课题落到实处。分解研究内容的方式，应考虑到课题的性质以及研究的状况。在分解研究内容时，教师可以从研究的概念所包含的层次和研究方法两个方面着手进行分解。例如"幼儿园主题教育活动的理论与实践研究"这一课题，既可以分解出幼儿园主题教育活动的理论研究状况和实践状况两个大领域，又可以根据研究方法设计出幼儿园主题教育活动的比较研究、调查研究和行动研究等不同专题。把这两个维度结合起来，就可分解出更清晰的子课题。

4. 研究方法。它回答如何研究的问题，即解决问题时拟采用的方法。科学研究的成效和研究方法的使用是分不开的，正确设计课题研究的方法是非常重要的。为了选择有效的研究方法，幼儿教师需要注意以下几个方面的问题。

（1）应当熟悉和掌握各种常见的教育研究方法。教育研究的方法多种多样，可以分为两大类。一类是收集研究数据资料的方法，如调查法、观察法、测量法、文献法等。这些方法旨在获得对象的客观资料，而不给予对象任何影响。另一类方法是旨在改变相互影响变量的方法，如实验法、行动研究法。这些方法是要通过施加某些干预而获得期望的结果。有一些研究可能采用单一的研究方法，有的研究则可能采用多种方法。在使用多种方法的时候，要把理论探讨和实验研究联系起来，还要注意经验、案例和观察的重要价值，只有多种方法综合地使用，才能取长补短，发挥研究方法的整体优势。在选择研究方法之前，应了解各种方法的功能、特点和使用要求，努力把握各方法的精髓。

（2）从解决问题的角度和幼儿教师自身出发选择研究方法。在教育研究中，内容决定着方法的使用。不同性质、不同内容的课题，对方法的要求是不一样的。理论性课题，往往离不开理论演绎、文献分析、历史研究等方法；而实践性课题，多用到调查研究、行动研究、个案研究、实验研究等方法。在选择研究方法的时候，一方面要考虑内容对方法的要求，从有利于解决问题的角度来确定研究方法，另一方面要从幼儿教师的自身现实状况出发。幼儿教师的研究绝大多数是实践研究，多是在实践情境中进行和开展的，这也是为什么这些年行动研究日渐受到幼儿教师青睐的缘故。例如上述案例中这位幼儿教师根据研究的内容与目的，就选择了调查法、行动研究法、个案研究法。

5. 研究步骤与进程。研究总是一步一步进行的。研究步骤与进程就是确定研究周期，划分研究阶段，明确不同阶段的研究重点。主要是明确先做哪一步，再做哪一步，每一步要达到什么要求，用多少时间。这些都要在制定计划时有所考虑，才能使得研究者一开始就心中有数，在实施研究中一环接一环、有条不紊地开展各项工作，从而保证研究能按预定要求如期完成。上述案例中这位幼儿教师就制定了准备阶段、实施阶段和总结阶段的研究进程安排。

6. 预期的成果。主要是确定解决问题的程度和成果形式，即最后的研究结果以什么形式出现。教育研究成果可以有研究论文和报告、专著和教材、教具和教学仪器、教学软件（包括音像制品、计算机软件）等。研究周期较长的课题，还应该分别有阶段成果和最终成果。

7. 研究条件。主要包括物质条件、人力资源和前期成果等，涉及图书资料，研究设备，主持人的研究经历和学术成果，课题组人员的组成、学术优势和内部分工等多项主客观条件，是课题立项的重要依据。

8. 课题组成员及其分工。课题组成员要根据课题研究的需要而确定，并不是越多越好。课题组成员都必须承担课题研究的某一方面任务，不应有光挂名不干事者。课题组各成员承担的任务应与承担者的学识、能力相适合。计划中要把课题组负责人、成员的名单、分工写出，必要时，还应把各人的专业、能力特长、曾有的研究经历和成果列出，以便课题管理者对课题组的研究力量有所了解。

9. 经费预算与设备条件要求。经费与设备是开展教育科研的物质条件。不同的研究所要求的条件是不同的。经费的支出主要包括：

（1）资料费：购买、检索或复印文献资料；

（2）印刷费：印刷问卷调查材料、成果材料；

(3) 差旅费：外出调查；

(4) 会议费：组织或参加研讨会、课题论证会；

(5) 设备费：购置研究所需的设备、器材，如录音机、电脑等；

(6) 专家咨询费：在研究过程中请专家指导和寻求专家解决问题等费用。

经费预算要本着少花钱办大事的原则，实事求是地谋划。在计划中要把开支的用途和金额，以及经费支出的具体项目预算和年度预算一一列出。所列的项目应是研究所必需的。经费预算的合理是研究计划的可行性和可信性的一个表现。

在课题研究方案设计过程中，还有其他的一些环节，如人员组织、过程安排等，都需要认真对待，在此不一一分析。

第三节　幼儿园科研成果的表述

作为一个完整的研究过程，幼儿园教育研究活动在经过了选择课题、制定计划、实施研究之后便进入了教育科学研究过程的总结阶段——科研成果的表述。教育科研成果是教育科学研究工作全过程的缩影，是研究结果的文字记载，也就是在教育研究实践活动中，在获得大量经验材料的基础上，通过理论思维，对经验材料进行归纳、提炼、抽象、概括等逻辑加工，并用文字加以表达，所形成的学术论文、研究报告、教育专著等形式。教育科研活动的最终目的是获得结论，即得到成果。教育科研成果的表述不是研究过程简单的文字化或把研究过程机械地记录下来，而是对整个教育科研工作进行系统总结的过程。

一、幼儿园科研成果表述的意义

幼儿园科研成果表述主要有以下几个方面的意义。

（一）有助于研究成果的交流和推广

通过教育科研成果的表述，有助于幼儿教育科学知识的普及与推广，为幼儿园教育实践提供依据与指导，推动教育教学工作。

（二）有助于提升研究者的科研能力

幼儿教育科学研究成果的表述，反映出研究者的立场、观点和方法，反映出研究者的专业水平、研究能力和创造能力。这种研究成果的表述本身就是研究工作的一部分。通过对幼儿教育科研成果加以总结和表述，还有助于提高研究者分析综合能力、逻辑思维能力及文字表达能力，从而提高研究者的教育科研水平。

二、幼儿园科研成果表述的形式

根据研究计划来看，科研成果的表现形式大体可分为三类：一类是科研论文，主要是学术论文，这是用深刻的理论分析和严密的逻辑论证来说明问题；另一类是教育科研报告，包括调研报告、实验报告等研究报告等，这是用事实来说明问题的科研论文；第三类是教育日志、经验总结、教育心得、教育案例等近几年在幼儿教师中普遍使用的表述形式，这类表述形式是质的研究的重要表达形式，它昭示教师在尽力探索着属于自己的研究方式，搜寻着与教育实践质量的提升相一致的研究成果表述样式。下面我们对这几种成果类型逐一作些简单介绍。

（一）学术论文

学术论文是指在进行教育科学研究的基础上，对所获各种教育科研成果进行文字表述的理论文章，它是教育科研的一种重要文体，是反映教育科研成果的主要形式。教育学术论文与其他教育科研文体的最大区别在于其理论性、学术性和独创性，就是以理论探讨为主，需要针对一定的问题，提出新认识、新观点、新想法。教育学术论文主要以对教育现象的逻辑归纳、推演和思辨为其研究方法，以阐述作者的见解为其主要目的，它不叙述具体的研究过程，也不引用过多的具体材料。学术论文中有时也会涉及实践的内容，跟教育教学实际联系得比较紧，但那都只是用来论证观点的，其核心仍然离不开理论。幼儿教师撰写学术论文，很多是对某学科领域中的课题进行探讨、研究；或者根据自己的教育教学经验，总结出的具有普遍意义的做法或思路，然后把它提升到理论的高度。因此，相对于科研报告而言，教育学术论文有突出的个性和创新。

1. 学术论文的特点

与其他学术论文一样，幼儿园教师撰写的学术论文也应具有学术性和独创性、探索性等。学术性是指学术论文有理论价值，这种价值要么体现在推陈出新，提出了超越前人的教育观点；要么体现在教育实践中经过自己的思考、摸索，提出了有创造性的教法学法，或者对某学科领域的专业问题有自己的独特见解；要么是通过全面总结前人的研究结果，丰富了该研究领域的理论知识。独创性是指论文具有一定创造性，一是要对问题本身进行长时间的、周密细致的分析研究，从中发现别人还没有发现、涉及、认识到的成分，言他人所未言；再者就是在综合别人见解的基础上进行创新。事实上，教育理论界诸多新思想、新观念的提出，都必须站在前人的肩膀上才有可能实现。探索性是指针对教育科研中涉及比较复杂的现象和问题，进行多方面的思考，多层次的比较，并进行认真分析，反复研究，对尚未解决的问题，以新的观点进行探讨、寻找、搜索、求取，找到改革的突破口。

2. 学术论文的结构

学术论文的结构形式是多种多样的，根据每个人的文风也可以灵活处理，但万变不离其宗，其基本的结构都跑不出绪论、本论、结论这三大块。绪论是一篇文章的开头，一般说明研究的背景、目的、意义等。本论是论文中对所要解决的中心问题的表述，按照行文的逻辑一般分为：分析问题，提出命题，论证观点，找出问题解决的途径。结论就是一篇文章的收尾了，是对问题作出总结，归纳出总体性的看法，并提出继续研究的方向。

另外，撰写课题研究的学术论文还应当包括题目、作者署名、论文摘要、关键词和附录等内容，它们是研究论文不可或缺的组成部分。其基本框架如下图所示：

```
┌─────────────────────────────────────┐
│              题目                    │
│             作者署名                  │
│ 摘要                                 │
│ 关键词                                │
│ 一、绪论                              │
│ 二、本论                              │
│ 三、结论                              │
│ 附录：                                │
│ （一）注释                            │
│ （二）参考文献                         │
└─────────────────────────────────────┘
```

（1）题目，反映了论文的中心内容。论文标题要求做到贴切、简洁、醒目、新颖。这就要求题目首先必须明确地概括论文的中心内容或论点，做到文题相符，恰如其分，表达明确。同时题目选择应大小得当，切忌空洞笼统，同时具有高度的概括性，努力做到言简意赅。如"广州市民办幼儿园幼儿教师专业发展的调查研究"一题就把文章论述的范围、研究对象或调查研究的问题阐述得非常清楚了。

（2）署名。撰写学术论文，特别是供发表的论文，在标题下方必须写明作者姓名（必要时可标出工作单位）。署名的目的是表示作者拥有的著作权和文责自负。个人独著的论文个人署名，合著的论文则按贡献和责任大小先后排序或署集体名称，并注明执笔者姓名。

（3）摘要与关键词。摘要即论文的内容提要。摘要通常置于论文的署名之后，文章正文之前，用一段简明扼要的文字，把论文所研究的主要内容作一概述（一般在 200 字左右），其作用在于使读者通过这段概括的文字，对论文观点有概览了解，以确定其有无阅读价值。内容摘要要求准确简练，结构严谨，逻辑性强。有时，在内容摘要之后需要列出本篇论文的关键词，它是由反映论文主要内容的规范化名词或名词性词组组成，一般放在摘要下面。关键词可以从论文题目或内容提要中选取，数量不宜过多，以 3—5 个为宜。

(4) 引论（引言、绪论、导论）。在写正文之前交代清楚本课题研究的目的、意义，前人的研究状况以及本课题研究所要解决的问题。文字力求简明扼要，只要点明问题即可，不必多加铺叙。

(5) 本论。这部分是学术论文的主体和核心。作者的研究成果、论文的价值、意义都应在这部分得到充分展现。它的主要目的就是将引论部分提出的问题进行分析研究，使用各种论据，对论点进行科学论证。不同体例的论文，对本论部分的格式要求也有所不同。运用文献资料为主进行研究的论文，一般都将本论分成若干部分，或加以标题，或标以"一"、"二"、"三"等，逐层展开论述。而调查报告、实验报告、测量报告等规范性要求较高的论文的主论由研究方法、研究结果与分析、讨论三部分构成。

(6) 结论与讨论。这是论文的结尾部分，是对本论的分析、论证进行综合概括，提出独到见解，引出基本观点，简要归纳所获得的成果或观点，也可以提出今后进一步研究的问题、方向。在调查报告中，这一部分应着重提出有价值的建议。

(7) 引文注释及参考文献。任何科学研究都是在前人或他人已有研究成果的基础上进行的。撰写论文时引用别人的材料、数据、论点，必须注明出处即进行引文注释。引文注解既是对他人成果的肯定与尊重，同时也体现作者治学的严谨，又可表明引用资料的真实可信，还可为读者提供进一步查阅的线索。引文加注的方法有许多种，在论文中使用最普遍的主要是下述三种：

①夹注。即在引文后直接加注说明出处。

②脚注。又称页注，即在本页下方注明该页中所用引文的出处。

③尾注。即在全文末尾加注本文中曾使用的引文的出处。

在采用脚注或尾注时，应按引文出现顺序标明数码，即在引文右上角用小圆圈和阿拉伯数字标注。引文注释的内容应包括作者姓名、书刊名称、文献篇名、卷数、册数或期数、页码（期刊可不注明页码）、出版单位和时间等。

(二) 教育科研报告

教育科研报告是描述教育研究过程，反映教育科学研究成果的文章，是对教育研究工作的记录和总结，主要包括调查报告与实验报告等。教育科研报告可以作为公诸于世的科研成果而加以应用，它在内容上要求提供新的事实和新的见解，在结论上具有科学性、独创性和可行性。同时，在表述方面还应注意规范化要求。

1. 教育科研报告的主要内容

一个完整的幼儿园教育科学研究报告一般包括五个方面的主要内容。

第一，研究的问题。它是对幼儿园教育科学研究所要明确并解决的中心问题的表述。

第二，研究的方法。它是对幼儿园教育科学研究中所采用的科研方法和步骤的表述。

第三，研究的结果。它是对幼儿园教育科学研究所获得的结果的表述。

第四，分析和讨论。它是对研究结果的理论分析和科学推断。

第五，研究的结论。它是对研究结果的逻辑概括。

2. 调查报告与实验报告

调查报告是指调查者根据一定的目的、任务，通过深入教育工作实际，对有关教育事实进行认真的调查了解、分析研究，并将这个过程及所获得的某种认识或观点写成的书面报告。而通过一定的实验手段，对教育教学中的现状及其成因进行研究，根据所获得的实验结果、数据，写成书面文字，就是实验报告。调查报告与实验报告有所不同，后者重在分析实验结果，而调查报告则重在运用材料分析、总结教育活动过程中客观存在的现状，为解决问题提供线索和思路。像《在园幼儿家庭安全教育的调查报告》、《广州市民办幼儿园师资队伍的调查报告》之类的文章，这些都是关于幼儿教育某方面现状的调查报告。

调查报告与实验报告具有几个显著的特点：一是客观真实性。调查与实验是报告的基础，报告是调查与实验的结果。不管运用的是访谈法、问卷法或者其他方法搜集来的资料和数据，都要保证报告自身的真实性和撰写报告过程中的真实性。二是客观性,指报告要用事实和数据说话。三是科学性,主要体现在调查手段要科学,报告也要全面反映出所搜集资料中体现出的信息,报告的撰写也要合乎理论逻辑,忠于教育的客观情况。

调查报告与实验报告的撰写格式大体包括上面提到的五个方面,但是这两种报告在实践中是有所差别的。具体参见表3-1。

表3-1:调查报告与实验报告撰写格式之比较

内容	调查报告	实验报告
题目	用简短的文字对报告的主题进行准确揭示	
问题提出(前言)	阐明研究的背景与目的	
调查方法	明确调查对象、测量工具、调查手段与统计方法等	介绍被试、实验手段和工具
调查统计结果与分析	根据调查的资料或者统计数据,逐项分析所反映出的客观情况及其相关性	通过统计手段,逐项分析实验因素之间的相关或差异
结论、讨论与建议	根据分析理性作结论,并针对研究中的一些疑问、研究本身的优缺点、今后要研究的方向等提出探讨	简单作出结论和解释,并提出进一步研究的方向

(三) 教育日志、经验总结、教育心得、教育案例等

教育日志等与调研报告有很大的区别,最主要的是,调研报告是一种规范性、真实客观性较高的研究,而教育日志等形式的报告则是一种质的研究,这是一种自然主义传统的探究方式,注重的是采用描述的方法收集资料,运用归纳的方法分析资料,注重的是关系的研究,以及对研究对象进行"解释性理解"。其中,经验总结可以说在某种程度上都涵盖了上述的几种形式,其它则各自有所侧重。这里以经验总结为例进行阐述。

经验总结是以教育实践工作者为主体,对其从事的一个完整的幼儿教育活动的全过程加以主观的回顾、反省和总结,通过分析思考,认识教育措施与教育成效之间的一些必然或偶然联系,为他人从事幼儿教育工作提供有益的经验指导和借鉴。必须注意的是,作为教育科研成果形式的这些报告应有

别于幼儿教师日常工作中的一般工作小结，它应以一个完整的教育过程为对象进行重点、深入的分析和思考，而且，这些反思与感受往往是教育学术论文和调研报告的重要前期基础，它应有较为明显的工作成果和典型经验，可以作为他人学习和借鉴的范例。

教育心得是经验总结一类的文章，它可以包括心得体会和教育随笔、杂感、评论等等。这种成果形式篇幅更短小，文体更灵活，题材来源更广泛。对于有经验的教师来说，写起来比较得心应手，所以在幼儿教师的科研工作中被大量采用。

【阅读推荐】

1. 霍力岩. 学前教育研究方法. 北京：高等教育出版社，2011.

该书下编部分介绍了从事学前教育科学研究的基本过程，选择样本的基本原理与方法，以及搜集研究资料的基本方法——观察法、问卷法、访谈法、内容分析法、测验法和行动研究。值得注意的是，在介绍这些基本研究方法的过程中，该书注重将量性与质性研究方式相结合，并结合中外研究实例，将研究方法的操作程序和操作要求清晰、直观地呈现给读者。

2. 顾明远、孙向阳. 教师教育科研最需要什么. 南京：南京大学出版社，2010.

该书从理论与实践相结合的视角介绍了以下的内容：教科研不是专家和学者的专利，而是教师的一种真实的生活和成长方式，教师要成为研究者。教师的研究要贴近实践，研究自己身边的问题，研究真问题，并努力提高研究的实效性。同时，教师还要加强学习和创新，以学习引领自己的教科研，让创新丰富自己的教科研，让教科研更好地促进日常教学。虽然这本书不是专门为幼儿教师从事教科研撰写的，但是其中的内容和反应的思想有助于幼儿教师提高自己的教科研水平和教育教学实践水准。

【思考与探索】

1. 很多幼儿教师撰写的学术论文存在不规范的问题，尤其是在论文的格式方面，试结合本章内容思考一篇完整的学术论文应包括哪些基本的结构与部分。

2. 在幼儿园教科研过程中，很多幼儿教师喜欢用经验总结、教育日志、教育心得等方式进行科研成果的表达，为了有效地使用这些表达方式，避免变为记流水账，幼儿教师应该注意哪些方面的问题？

第四章 聚焦幼儿园教育活动情境的教育观察法

【内容提要】本章主要阐述幼儿园教科研中的观察法。阐述了教育观察法的内涵与特点、教育观察法的类型与作用;从观察准备、进行实际观察、撰写观察记录、整理与分析观察记录、撰写观察报告等环节阐述了幼儿教师怎样使用观察法。

【问题导引】通过本章学习,能深入思考和解答以下的问题:一是幼儿教师如何在教科研及教育教学实践中有效地使用观察法?二是思考并分析在使用观察法开展教科研的过程中应注意哪些方面的问题?

任何科学研究都离不开一定的方法，探究、发现研究对象本质属性和规律的研究过程本身，必须借助一定的方法才能得以实现，但是又不存在适用于任何科学研究的万能方法。幼儿教师选择的教科研方法适当与否对于教科研能否取得成效以及取得成效的大小，往往具有决定性作用。从本章开始我们将逐一介绍幼儿教师在教科研中常用的方法：教育观察法、教育调查法、案例研究法、行动研究法等。由于幼儿园教科研综合性特别强，在幼儿园教科研活动中通常是综合运用上述几种方法的。

幼儿园的教科研活动通常是在真实的教育教学情境中进行的，幼儿教师开展教科研就需要时时处处以研究者的眼光看待身边发生的教育现象和教育问题。观察法正是幼儿教师在幼儿园教育活动中发现问题并对这些问题进行研究的一种常用方法。

第一节　什么是教育观察法

对幼儿教师而言，观察幼儿园自然情境中的教育现象并发现教育问题具有重要的价值。首先，观察法是幼儿教师搜集第一手资料的重要手段。我国著名幼儿教育专家陈鹤琴，用日记的方式，从他的第一个孩子出生之日起，逐日对其身心的各种刺激反应进行周密的观察，并作了文字记载和摄影，连续观察808天，经研究整理，于1925年出版《儿童心理之研究》一书。这就说明，观察对于认识各种现象，尤其是教育现象，搜集幼儿教育研究的第一手资料起着重要的作用。其次观察法是幼儿教师研究幼儿教育现象、揭示教育规律的首要方法。观察法所研究的对象基本上处于自然状态，不需要特别的设计和布置，研究手段也较为简便，尤其适合幼儿教师使用。教师可以观察自己教育活动过程中儿童的表现，也可以通过观察了解教育教学活动中发生的现象、发现的问题，以便进行思考和进行研究。诚如苏霍姆林斯基所说的："对儿童的认识首先是由观察构成的，教师必须善于在儿童的脑力劳动与体力劳动过程中，在游戏、参观、休息时间内观察儿童，而且善于把观察结果转变或体现为对儿童施加个别影响的方式和方法。"

一、教育观察法的内涵与特点

（一）教育观察法的内涵

观察是人们对周围世界的现象和过程的认识。观察的重要特点是在自然发生的状态下，对观察现象不加任何干预和控制。"自然状态"是指研究者不控制或不干扰观察对象，使其保持常态。这里所说的观察并不等同于我们日常的观察。因为日常观察常常是自发进行的，不要求做严格详细的观察记录，仅凭研究者根据亲身体验获得感性材料。而教育观察研究是指研究者在比较自然的条件下，通过感官或借助于一定的科学仪器，在一定时间、一定空间内有目的、有计划地对处于自然状态下的客观事物进行感知、考察、描述教育现象并搜集资料的一种科学研究方法。

（二）教育观察法的特点

1. 教育观察是一种有目的、有意识地搜集资料的活动。幼儿教师进行教育观察是根据研究课题的需要，并且是为了解决一定的问题而进行的，其目的在于获得第一手经验事实材料。

2. 教育观察是在自然发生的条件下，对观察对象不加任何干预和控制的状态下进行的，这使得幼儿教师能够考察幼儿在自然的日常生活、游戏和学习等活动中真实的、典型的和一般的行为表现。

3. 教育观察的对象是当前正在发生的事实现象，具有直接性。幼儿教师与幼儿共处于一个研究体系中，这使得幼儿教师能够直接地、准确地了解到幼儿教育中的具体情形、幼儿发展的过程，从而获得真实而详细的资料。

4. 教育观察是在一定的教育科学理论指导下进行的，其结果的解释也是以有关理论为前提的。教育观察总是借助一定的工具。观察工具有两类：一是人的感觉器官；二是科学的观察仪器和装置，如摄影机、录音机等。随着人们对教育观察结果精确性、科学性的要求越来越高，科学观察仪器和装置的运用越来越广。

二、教育观察法的类型与作用

(一)教育观察法的类型

1. 自然情境中的观察与实验中的观察

这是依据观察的情境条件来划分的。自然情境中的观察包括自然行为的偶然现象和系统现象的观察。这种观察方法能收集到客观真实的材料,但是材料往往是观察对象的外部行为表现。实验室的观察有严密的计划,有详细的观察指标体系,对观察情境有较为严格的要求,这种观察方法有利于探讨事物内在的因果关系。

2. 直接观察与间接观察

这是依据观察的方式来划分的。直接观察是凭借人的感官,在现场直接对观察对象进行感知和描述,相对来说更为直观具体。间接观察是观察者借助一定的仪器、设备考察研究对象活动的方法。

3. 参与性观察与非参与性观察

这是依据观察者是否直接参与被观察者所从事的活动而作的分类。参与性观察法,是指研究者直接参加到所观察对象的群体和活动当中去,不暴露研究者的真实身份,在参与活动的过程中进行隐蔽性的研究观察。其优点是不破坏和影响观察对象的原有结构和内部关系,因而能够获得有关较深层的结构和关系的材料。其缺点是易受研究者主观因素的影响,处理不当易影响观察的客观性。

非参与性观察法,是指研究者以旁观者的身份,采取公开的或秘密的方式进行的观察。其优点在于不要求研究人员站到与被观察对象相同的地位上,其结论通常比较客观。缺点是观察易表面化,不易获得深层次的材料。

4. 结构式观察与非结构式观察

这是按观察的实施程序和方法所作的分类。结构式观察是在观察活动开始之前,观察者严格地界定研究的问题,依照一定的步骤与项目进行观察,同时采用准确的工具进行记录,是观察法中最严格的一种。例如托马斯

(Thomas)等人（1968）对一名 6 岁男孩的捣乱行为进行研究。他们的研究目的在于改善教师对待学生的方法。观察前先对捣乱行为进行定义，共有 9 种表现：①粗鲁活动：包括离开位置、走动、跳、摇动椅子等；②野蛮：跪在椅子上、坐在别人腿上；③侵犯他人：推撞或用东西打其他同学；④打搅别人：抢夺或破坏同学的物品；⑤说话：和同学讲话、唱歌等；⑥叫嚷：哭闹、尖叫、吹口哨等；⑦噪声：发出咯咯声、鼓掌、敲打书桌等；⑧转方向：把头和身体转向其他同学；⑨做其他事：如玩弄东西、解自己鞋带等。托马斯将这 9 种捣乱行为代码排列成表格，并且规定观察时间为 20 分钟，每隔 10 秒钟为一个间隔。

一般来说，结构式观察的优点是：能获得大量确切和翔实的观察资料，并可对观察资料进行定量分析和对比研究，但不足是缺乏弹性，也比较费时。结构观察的形式主要有行为事件取样观察和时间取样观察等。

非结构式观察是相对于结构观察而言的。这种观察只有一个总的观察目标和方向，或一个大致的观察内容和范围，缺乏明确的观察项目和固定的记录方式。最为典型的非结构式观察就是有关儿童心理发展的观察日记，即以观察日记的方式，对儿童自然发展进行描述。这种观察方法虽然较灵活，但费时、费力，且获取材料不系统、不完整，也很难排除观察者的主观选择及其带来的影响。

（二）教育观察法的作用

教育观察法在幼儿教师的教科研活动中有着重要的作用，它是幼儿教师发现问题、提出问题的前提，也是产生相关理论假设的手段。它贯穿于研究过程的各个阶段。幼儿教师不仅在收集和积累各种事实、资料和仔细观察研究对象的发展变化阶段可以使用教育观察法，而且在查明研究事实和现象之间的相互作用和相互依赖关系，对事实进行定性定量分析，把所有关于研究现象的材料加以概括和综合，在教育实践中检验理论成果的正确性，以至到最后把获得的材料和研究成果用于实践中去，都可以使用观察法。具体说，教育观察法的作用有以下几方面。

1. 有助于选择和提炼适合幼儿教师研究的课题

幼儿教师通过观察法，能够收集到真实客观的第一手材料。在科学研究上，第一手原始材料具有极其重要的价值。幼儿园的教科研往往是从实践中的问题开始，进而进行观察、调查和实验，从这个意义上讲，幼儿教师的教科研活动源于幼儿教师观察中发现与思考的问题。幼儿教师通过观察幼儿教育实践中所产生的现象、问题，从中受到启示，进而形成教科研课题。例如，有的幼儿教师通过对刚入园幼儿的观察，发现有的幼儿常常出现不适应性，而如何使幼儿从不适应到适应，对他们今后的学习、成长都有十分密切的关系，由此提出并形成了幼儿园如何与家庭进行衔接的研究课题。

2. 有助于幼儿教师对自己提出的问题解决策略进行验证

幼儿教师通过科学的观察，获得大量而丰富的感性材料，从中摄取尽可能多的教育客观事实，从而对自己提出的解决某一问题的假设与策略进行验证。通过教学过程的观察记录，教师能清楚看出幼儿的学习和教师的教学行为，这种在理论和实践之间的来回追溯，能使教师在反省中认识到他们实际能做什么和确实做了什么，并反省他们所做的事情哪些是有价值的，哪些是没有价值的，思考他们怎么才能做得更好。由此可见，观察在幼儿教师的教科研活动中非常重要，发现问题离不开它，解决问题离不开它，提升自己的观察力和反思力更离不开它。而做好观察记录，不仅能帮助教师学习解读幼儿行为，还能了解自己的教育教学行为，及时有效地调整教育策略，使教育变得更有内涵、更有意义。

第二节 幼儿教师怎样使用教育观察法

在什么情况下使用教育观察法？一是在大规模的综合性教育研究项目的起始阶段，研究者用观察法搜集第一手的经验事实材料，从中发现问题，确定研究课题的主要方向；二是在收集研究对象的非语言行为资料方面，观察法尤其受到研究者的重视。幼儿教师使用观察法的过程中一般可以遵循如下步骤。

一、观察准备

做好观察前的准备,是进行科学观察的基础。准备工作包括以下三项内容。

1. 明确观察目的

观察目的是依据观察的对象、任务而确定的。根据课题研究的任务和研究对象的特点,确定该观察的目标。对于观察中要了解什么情况,搜集哪方面的事实材料,都要作出明确的规定。在此基础上,确定观察内容。

2. 确定观察对象

观察对象,即所要观察的内容,包括所要观察的人及其行为。这里所说的行为是根据研究目的,选择其中符合要求的外显行为。如何选择、界定所要观察的行为是关系到能否实现研究目的的重要环节。如果选择的行为不能有效符合研究目的,那么最后所得结论就会缺乏可信度;如果对行为的界定不明确,缺乏可操作性,则会给记录带来麻烦,易产生分歧,影响结果的可靠性。

3. 制定观察计划

明确了观察目的,又收集了有关观察对象的材料,并且进行了试探性的观察后,幼儿教师就要着手制定观察计划了。观察计划一般包括如下内容:

(1) 观察目的。

(2) 观察重点和范围,一般重点不能多,范围不能太广。

(3) 观察提纲,列出需要通过观察获得材料的要目。

(4) 观察过程,包括选择观察的途径,安排观察的时间、次数和位置,选择观察的方法和掌握观察的密度等。

(5) 观察的注意事项,根据观察的特点,列出为保持观察对象常态的有关规定。

(6) 制定观察的相关记录表格,选择观察仪器。为使观察记录全面、系统和准确,就要编制观察记录表。一份好的观察记录表至少具有两方面的功能。一是实施功能。观察者可依据记录表合理分配注意力,按要求实施,不至于遗漏重要内容或注意与研究课题无关的内容。二是记录功能。观察者系统地记录下观察资料，便于研究者进一步分析与整理。观察记录是录音或录像所不能代替的，因为后者只是观察者研究查询的杂乱的、最原始的资料，没有实施与记录功能。

二、进行实际观察

1. 进行实际观察应尽量按计划进行，不要轻易更换观察的重点，超出原定的范围，致使离开了原定的观察目的。如果原定的计划确实不妥，或观察对象有所变化，则应该按照计划中的应变举措或实际的变化情况随机应变，但是目的只有一个，就是极力妥善完成原定任务。

2. 观察过程中，观察者要严格遵守客观性原则，不把自己的主观判断带到观察中。尽量站在客观的角度看待所发生的行为，不因对被观察者或好或坏的印象而影响记录，并且应尽量将自己的推论与自己观察到的事情区别开来。

3. 实施观察可以分为两种方式。一种是时间取样，就是在一定时间内选取特定时间进行观察。例如观察一位幼儿教师与幼儿互动的行为时，可以每周选取一天，每天选取该幼儿教师的一次活动，每次活动选取其中的 10 分钟，连续观察三周，这就是时间取样。另一种是事件取样，就是以特定的事件为观察标准，不限定观察时间。

三、撰写观察记录

（一）记录方式

根据观察记录是否连续与完整以及观察记录方式的不同，幼儿教师可以选择叙述观察、取样观察、评价观察等方式。

叙述观察就是观察和记录被观察对象连续、完整的各种活动和行为表现并收集研究资料的一种观察方法。这种方法适合收集个人的信息资料。

取样观察是依据一定的标准选取被观察对象的某些行为表现进行观察，或选择在特定的时间内进行观察记录的资料收集方法。

第四章 聚焦幼儿园教育活动情境的教育观察法

评价观察是指按照事先制定好的行为检核表，对被观察对象的心理活动和行为表现进行观察并作出评价判断的资料收集方法。

（二）记录语言应该注意的问题

记录语言是把观察者观察到的事实材料转变为文字语言，是进行资料整理的基础。一般来说记录语言有以下两个基本要求：

1. 语言要具体、清晰。在对被观察对象进行观察的过程中，要使用具体的语言，尽量少使用抽象的词汇，这样便于理解。比如幼儿教师去参观一所幼儿园，如果仅仅使用了一些抽象的语言：幼儿园有很多孩子，教师素质比较高……读者并不能根据这样的记录想象和了解幼儿园。但是如果我们用具体的语言进行描述，描述为："这个幼儿园有9个班级，共有293名孩子，70%的教师都具有大学本科以上学历……"这样的描述不仅便于读者了解，也便于记录者随后的分析研究。

2. 对记录中涉及的事物的命名要准确。记录者既要站在自己的角度来描述事物，也要站在被研究对象、读者角度来进行描述。这样便于读者的理解，也利于后续的研究。

四、观察结果的整理和分析

观察记录结果的形式因观察的方式和类型而不同，一般参与式的田野观察都采用无结构的记录，其余类型的观察多采用结构式记录。结构式记录要在观察前设计量表，在观察时依据表中事项进行记录。无结构式观察多以文字叙述为主，要求幼儿教师在每次观察之后，应该快速进行记录，包括时间、地点、人物、语言内容等，同时要注明研究者对观察项目的主要感受，以及分析性的想法和初步的推论。

观察记录结束后，就要把所有记录的材料加以整理和分析，准备下一步的研究报告和论文的写作。这个过程中要认真检查所有记录资料，看看记录资料的分类是否适当，有没有遗漏或者是错误的地方，如果有要及时更正。之后根据观察记录的分析和研究，研究者提出自己的看法和认识，并加以概括,最后撰写成论文或者是研究报告。

五、写出观察报告

在结论中写清楚观察对象的自然情况,以及观察过程中出现的现象,包括现象发生的背景、观察资料的统计结果以及根据结果所得的推论等。结论可以是发现规律,也可以是发现问题。

下面的案例详细地说明了幼儿教师如何在教科研活动中有效地应用观察法进行研究。

[案例]

一位幼儿的观察研究方案①

我是一名幼儿园教师,最近有一位家长向我询问她的孩子在幼儿园的表现情况。她的孩子名叫佳佳,今年4岁,到我们幼儿园将近有两个月的时间。这位家长向我反映:佳佳在家里非常听话,和父母关系也挺好,但就是不怎么喜欢和别人交往,放学后很少出去找其他小朋友玩。要是家里来客人,她也老是躲在自己房间里不出来。父母见她这样,也常对她说要多和其他小朋友交往,佳佳总是嘴上答应可从不见改进。而询问她在幼儿园和小朋友相处得怎样时,她总是说"小朋友都挺好的",可脸上却是一副失落的样子。父母担心如果佳佳总是不能很好地和其他小朋友相处,将会影响她的健康成长。因此,他们询问我有关佳佳在幼儿园的情况,是不是也不大和同学交往,有什么方法可以帮助佳佳。

安静、听话,这是我对佳佳的总体感觉。但根据她的父母所反映的情况,我觉得有必要深入了解佳佳和同学的相处情况,以准确评估她在同伴交往上是否存在困难。如果答案是肯定的,我们就必须和家长沟通交流,给予佳佳特殊的帮助。但是如何才能对佳佳的同伴交往行为作出全面、系统、准确的评价呢?

---

① 田学红. 教育科学研究方法指导. 杭州:浙江大学出版社,2006:41-48。有删改。

第四章　聚焦幼儿园教育活动情境的教育观察法

一、对研究问题的评价

同伴关系是指年龄相同或者相近的儿童之间的一种共同活动并相互协作的关系，或者主要指同龄人之间或者心理发展水平相当的个体之间在交往过程中建立和发展起来的一种人际关系。良好的同伴关系，积极的同伴交往对儿童的健康发展有着特殊的作用。同伴交往能帮助儿童克服自我中心，有利于儿童情绪情感的良好发展，也有利于儿童社会交往能力的发展。

一般而言，小孩都喜欢和热情、主动的同伴相处。因此，退缩、被动的儿童常在集体中被人忽视，不易交到朋友。长期没有同伴，会使其产生消极情绪，缺乏自信心，产生失落感，这将严重阻碍儿童的心理发展。所以对佳佳的同伴交往情况进行全面了解、分析，具有十分重要的意义。如果佳佳确实存在同伴交往困难，教师就有必要和佳佳的父母沟通商量，分析原因，找出对策，从家庭教育和学校教育两方面入手，帮助佳佳早日融入集体，并能主动积极地与人交往。

那么怎样才能客观全面了解佳佳的同伴交往情况呢？我们只有收集到佳佳在自然状态下与同学交往的情况，才能对此进行分析和判断，尽量避免干扰和主观推测，因此采用观察法作为本研究的方法。可以将研究题目确定为"佳佳在园同伴交往行为的研究"。

二、研究思路和解决方案

在开展任何一项科学研究之前，都必须有一个明确的研究思路和研究方案，即明白"做什么"和"怎么做"，这样才能确保研究能有条不紊地进行，观察法也不例外。

1. 确定研究对象

观察对象由研究目的决定，并且可以将观察对象细分为所要观察的人（即被观察者）及其某些行为。本次研究目的已经非常明确，即要对佳佳在幼儿园与同伴的交往现状进行了解，继而进行分析。由此，可以确定本次研究的观察对象是佳佳在幼儿园与同伴进行交往的行为表现。

（1）被观察者

本研究是个案观察研究只有一名被观察者：佳佳。

（2）界定"同伴交往行为"

对"同伴交往行为"进行操作性定义，使之具有可操作性是整个观察中非常重要的一环。这可以更加直观具体地对出现的行为进行归类、筛选，从而帮助观察者剔除无关行为的干扰，在有限时间内，系统而有针对性地收集所需行为资料。

结合本研究，可以首先将佳佳的同伴交往行为分为两大类：主动引发交往和被动引发交往。把"主动引发交往"定义为：在同伴没有表现出与佳佳进行交往意愿的情况下，佳佳通过言语或肢体动作，主动引起同伴的注意，引发双方互动，包括语言交流或开展游戏等活动。"被动引发交往"定义为：佳佳没有表现出与同伴开展交往的意愿，但同伴通过语言或肢体动作，主动引起佳佳注意，表示友善并希望能与佳佳交流或邀请佳佳参加游戏等活动。

接着，界定两种交往引起的反馈。可以从"回应"和"不回应"这两个角度进行区分。在主动引发交往中，"回应"指同伴接受佳佳并给予积极热情的回应。比如与佳佳愉快地交流或游戏；在交往过程中，始终有良好的目光接触或言语沟通。"不回应"指同伴直接拒绝与佳佳交谈、游戏等，或者随便交谈几句，随即不再与佳佳接触转而自己活动或与其他同伴玩耍。在被动引发交往中，"回应"指佳佳对同伴的建议或邀请，给予积极热情的反馈，参与同伴的交谈或游戏。"不回应"指佳佳对同伴的建议、邀请说"不"或摇头拒绝，表示没兴趣；或者与同伴交谈了几句，便不再说话，只顾自己活动。

2. 确定观察方法

为了全面了解佳佳的同伴交往情况，并使所收集的资料更具代表性，需要收集佳佳在课内和课外与同伴交往中的表现。因此我分别选取周一、周三的上午第二节课和下午自由活动时间作为观察时间（分别为 30 分钟），即对佳佳在课内、课外的同伴交往情况分别进行两次观察。

为减少观察本身给佳佳的影响，尽量收集到佳佳真实、客观的反应，进行课内观察时，可以在教室的适当位置放置隐蔽的摄像装置，这样既能全面

第四章 聚焦幼儿园教育活动情境的教育观察法

清晰记录佳佳的表现，又能获得真实反应。在课外观察时，选择合适的位置，一方面可以观察到佳佳的言行，另一方面又不引起佳佳的注意，使她意识不到自己正被老师所注意。

3. 编制观察记录表

初步编制的记录表可能会存在一些不足之处，因此，需要将此初步制定的记录表进行预先试用，以检验此表是否能满足研究要求。如发现不足之处，则要及时修改，最终确定合适的记录表。经过试用，发现制定的记录表在内容上基本满足研究的要求，并且表格的具体设计方式也比较方便记录。但考虑到在实际观察中，可能要应付一些未曾预料到的状况，因此决定在表格下端再留出一些空白处，方便记录。最终的记录表制作如下（见表4—1）。

表4—1：佳佳在园同伴交往情况观察记录表

周一/周三		课内/课外	观察日期_____
主动引发交往：			观察者_____
次数	持续时间（分）	回应	不回应
第___次	_____	起因_____	起因_____
		经过_____	经过_____
		结果_____	结果_____
第___次	_____	起因_____	起因_____
		经过_____	经过_____
		结果_____	结果_____
第___次	_____	起因_____	起因_____
		经过_____	经过_____
		结果_____	结果_____
第___次	_____	起因_____	起因_____
		经过_____	经过_____
		结果_____	结果_____
....			

三、实行观察

根据之前确定的观察方法，按照记录表的有关内容和要求，认真客观地进行观察和记录。

四、数据统计和分析

对观察到的统计数据进行处理和分析。具体分析略。

五、提出建议

将之前的观察结果和分析推论向佳佳的父母反馈。着重指明，出现这种情况的主要原因是佳佳性格内向和缺乏自信心，并有针对性地提出建议，帮助佳佳提高同伴交往的信心和能力。

【阅读推荐】

1. 田学红. 教育科学研究方法指导. 杭州：浙江大学出版社，2006.

本书第三章中对教育观察法进行了比较详细的阐述，并列举了观察法应用的例子，是幼儿教师了解观察法不错的内容。

2. 杨丽珠. 取样观察法——观察法（一）.《山东幼教》，1999（15）.

作者在这篇文章中结合相关的研究和案例，比较详细地介绍了幼儿园教科研过程中使用的集中观察法，包括时间取样和事件取样观察法的内涵、特点和优缺点等。

【思考与探索】

1. 结合最近你所在幼儿园开展的教科研实践活动案例，谈谈你是如何使用观察法来开展教科研工作的，在使用观察法的过程中存在哪些方面的困惑，你又是如何克服和解决的。

2. 幼儿教师在使用观察法进行教科研的过程中，其中一个重要的环节就是进行观察记录，在进行观察记录的过程中应该注意哪些方面的问题？

第五章　用事实说话的调查研究法

【内容提要】调查研究是教育研究中使用得最广泛的一种研究方法。本章主要阐述了调查研究法内涵、类型、特点；阐述了幼儿教师怎样使用调查研究法开展教科研工作。

【问题导引】通过本章学习，能深入思考和解答以下的问题：一是在幼儿园教科研过程中如何选择教育调查研究课题，确定教育调查研究课题应考虑哪些基本的要素和遵循哪些基本的步骤？二是正规的教育问卷是如何构成的，在设计过程中应注意哪些方面的问题？

调查研究法是幼儿园教科研中最基本的研究方法之一，正受到越来越多的幼儿教师的重视，并被广泛地采用。运用调查研究既可以研究学前教育教学的现状，如对某一地区幼儿园教师队伍建设的调查，还可以研究幼儿教师的教育理念、态度、观点等问题。

第一节　什么是调查研究法

一、调查研究法的内涵与类型

（一）调查研究法的内涵

调查，就是通过各种有效的手段和途径搜集资料，了解事物的情况；研究，就是分析搜集到的资料，揭示事物的规律，找出解决问题的办法。幼儿园教科研中的调查研究，就是在一定教育理论、教育思想的指导下，通过运用问卷、访谈、座谈会、测验、成品分析等手段，有目的、有计划、有系统地对幼儿园教育教学活动中的某种或者某几种教育现象或事实进行考察，搜集资料，对幼儿教育某方面问题的现状做出比较客观的分析，或提出具体的解决方案的一种研究方法。

（二）调查研究法的类型

依据调查研究的目的、范围、内容和方法等方面的差异，可将调查研究划分为不同的类别。

1. 根据调查目的不同，可以把教育调查分为现状调查、发展调查、关系调查、比较调查和原因调查等。

2. 根据调查对象范围的不同，可以把教育调查分为普遍调查、抽样调查和个案调查。

3. 依据调查研究内容，可将调查研究分为综合调查和专题调查两种，后者包括事实调查与征询意见调查。

4. 依据调查研究方式，可将调查研究分为调查表调查、问卷调查和访谈调查。

二、调查研究法的特点

与其他研究方法相比，调查研究法具有以下几个方面的特点。

1. 间接灵活。调查研究法常常通过间接的方法，从多个侧面来了解教育现象和教育问题。尤其是对于一些难以全部直接观察到的幼儿教育现象，就可以用这种方法进行。例如儿童的兴趣爱好、家长对幼儿园工作的意见、家园合作的状况等，一般多采用调查研究法进行研究。

2. 途径多样。调查研究法的途径是多种多样的，既可以通过细致的访谈、座谈等形式深入地研究某些教育现象，又可以采用问卷、测验等手段对事物与现象进行区域性的、大范围的调查研究，或二者结合进行。调查研究法可以发现、解决那些无法通过实验或观察解决的难题，诸如儿童不良行为形成的原因、儿童厌食、家园合作等问题。

3. 系统严密。调查研究法是通过各种方式，有计划、有目的地了解幼儿教育工作中某一方面的现实问题，有着系统的程序和严密的步骤。调查计划的制定、调查工作的实施、调查对象的选择、调查结果的处理都是建立在科学论证基础上的，对调查时可能遇到的问题和可能涉及的外因都有一定的预见和估计，保证了调查结果的准确性和科学性。

4. 实施方便。调查研究法不受时间、空间的限制，在时间上，调查法可以在事后从当事人或其他人那里获得已经过去的事实的资料；在空间上，只要研究课题需要，调查研究法可以跨界域。由于调查研究法不局限于对研究对象的直接观察，不受时空限制和调查对象数量的制约，具有实施方便、效率高的特点。

调查研究法具有上述诸多的优点，但是也有一定的不足。它只能说明事物之间的某种关联，而难以揭示事物之间的因果关系，所以一般以研究幼儿教育中的某一方面的现状为主要研究内容。而调查时因被调查对象合作程度不同，对研究结果的真实性可能会产生一定的影响。

第二节　幼儿教师怎样使用调查研究法

一、掌握教育调查法的一般步骤

教育调查研究方法有众多的分类，在实施程序上也各有侧重。对幼儿教师而言，在使用调查研究法的时候可以遵循确定调查课题—制定调查计划—搜集资料，实施调查—整理、分析资料—总结、报告调查结果等步骤来进行。

（一）确立调查课题

在进行调查前，首先要明确调查方向，确定调查课题。只有明确所要解决的问题，才能减少调查的盲目性。在确立调查课题的过程中需要从课题研究的必要性、可能性，课题研究的理论与现实意义，可能的研究方法等方面进行考虑。

（二）制定调查计划

1. 调查课题和目的。要明确调查课题的具体名称和主要内容，以及本次调研的主要目的和意义等。

2. 确定调查的对象和范围。明确具体的调查对象，例如"广东省学前特殊儿童随班就读现状调查及对策分析"，这个调查的对象就是广东省随班就读的特殊学前儿童，调查对象应该具有全面性、代表性。

3. 调查手段和方法。说明用哪一种或者是综合运用哪几种方法进行调查。

4. 调查步骤和时间安排。调查的具体安排，主要是分哪几步来进行，每一步的具体内容和时间安排。

5. 调查经费的安排和使用。

（三）搜集资料，具体实施调查

为保证所搜集资料的信度，在调查过程中应注意以下几点：

1. 尽可能保持材料的客观性。调查者不能带着主观偏见和一定的倾向性去搜集资料，而应该实事求是地收集材料。

2. 在搜集资料时不能把事实与意见相混淆，意见往往具有主观色彩，对被调查者提供的材料，需要进行核实，以保证材料的真实可靠性。

3. 尽可能采用多种手段或者途径，从不同角度和侧面去搜集资料。

（四）整理、分析材料

通过对所搜集到的原始资料进行系统、有条理的整理，把汇总起来的原始资料通过定性和定量相结合的分析，推断出结论，找出教育问题的症结所在，思考解决问题的办法。

（五）总结、报告调查结果

单纯地进行调查研究，其本身并没有什么意义，只有对结果进行认真的分析和叙述，才能真正发挥调查研究的作用。调查报告的结构一般是由导言、正文和结论三部分组成的。调查报告的形式有描述性报告、解释性报告和建议性报告。

二、幼儿教师使用教育调查法应注意的问题

在使用调查研究法时，应注意以下几个问题[①]：

1. 要有明确的研究目的和具体的研究提纲。对于一次调查活动来说，目的要非常明确、单一和具体，因而要事先根据研究的目的列出要研究的项目，设计好要调查的内容。

2. 要把握每种具体的调查方式的特点和使用条件。访谈法、问卷法、专家调查法，还有观察法、座谈会等等，都各有各的适用条件和范围，各有各的优点和缺点。只有把握准了不同方式的不同特点，才能使调查研究更加合理和有效。

3. 要采用定性与定量相结合的分析方法。调查研究的科学水平不仅体现在质的分析上，而且还反映在量的精确描述中。只有把这二者有机地结合起

---

① 戴双翔. 如何使用幼教科研方法（上）. 教育导刊（幼儿教育），2004（4）.

来，才能得出科学的结论。

三、幼儿教师常用的教育调查法

(一) 问卷调查法

所谓问卷调查法是指研究者将所要研究的问题编制成问卷，以邮寄、面谈或追踪访问等方式，了解研究对象对某一现象或问题的看法或意见。[①]

这种方法的优点是简单易行，方便省时且花费小，还可以同时在极大的范围内展开调查，便于整理归类。随着现代通讯和互联网的发展，被调查者可以通过电话或者网络答题，问卷调查变得尤为方便可行。调查问卷的设计十分重要，通常问题既要简短，能让答题者易懂易答，又要考虑不涉及调查者的禁忌话题。问卷的内容是搞好调查研究的关键，比如一份《西北地区农村民办幼儿园教师队伍现状调查问卷》，其内容就可以根据西北地区农村民办幼儿园教师基本状况（年龄、教龄、学历、职称）、工资待遇、职业态度、教育教学状况及在职培训五个维度来考虑设计问题。

幼儿教师在进行问卷设计时要遵循以下一些基本的原则和要求：

1. 问卷设计的原则

问题与目的一致原则；

问卷主题突出原则；

问卷篇幅简短原则；

问题表述清楚、简明原则；

问题与回答者知识能力适应原则；

问题排列恰当原则；

收集的信息易于列表说明、解释原则；

隐私回避原则。

2. 问卷题目设计的基本要求

---

① 裴娣娜. 教育研究方法导论. 合肥：安徽教育出版社，2002:167.

第五章　用事实说话的调查研究法

问卷题目的设计关系到问卷的信度和效度，是问卷编制过程中关键的环节。因此在设计问卷的问题时要考虑以下几点。[①]

（1）问题的范围：是小范围的调查还是大范围的统计调查；是了解个体思想、态度的意向性问题还是了解过程方面的事实材料。

（2）问题的内容：是完全符合、基本符合还是基本不符合该课题研究目的和假设的需要；所列项目的覆盖面如何；答案是否反映研究问题的主要方面。

（3）问题的数量：是否适度。一份问卷到底多少个问题合适，是没有固定的标准的，需要问卷设计者根据调查的内容，样本的性质，分析的方法，拥有的人力、财力、时间等各种因素来综合决定。一般来说，问题不宜太多，问卷不宜太长。通常以回答者在20分钟以内完成为宜，最多也不要超过30分钟。因为太长的问卷往往会引起回答者心理上的厌倦情绪或畏难情绪，影响作答的质量和回收率。超出被试知识和能力所及范围、需要查阅才能回答的问题要尽量避免。

（4）问题的文字表达：是否准确、简明、扼要、容易回答。结构上，一般一个问题只包含一个疑问，不应包含两种以上内容的提问。如："你经常参加社交和科研活动吗？"对此类问题回答者很难给予一个单一的准确答案。用语应明确具体，避免冷僻或专业性太强的术语。使用理解可能有出入的词语时，应该加以注释说明。

（5）问题的排列顺序：是否分类清楚、层次分明、合乎逻辑。问卷中问题的前后顺序及相互间的联系，既会影响到被调查者对问题的回答结果，又会影响到调查的顺利进行。一般来说，对问题的安排有下列常用的一些规则：关于被试的个人资料可以放在问卷的前面部分；能引起兴趣的问题、调查者熟悉的问题以及简单的问题放在前面，而容易引起紧张的、涉及个人问题的或复杂的问题可放在后面；先问行为方面的问题，再问态度、意见、看法方

[①] 裴娣娜. 教育研究方法导论. 合肥：安徽教育出版社，2002：167.

面的问题。同时要按照内容或性质把同类方式回答的问题编排在一起，使同一内容或内容相近的一组问题相对集中且有内在逻辑联系。在封闭式问卷中，划分水平程度的答案，要随机排列，以免产生定势而不认真作答。总之问题的排列分类要清楚，层次要分明，前后一致连贯且彼此衔接，既便于被试回答，又便于统计处理。

（6）问题中隐含的心理因素：避免诱导性用语，避免与社会规范有关或者有情绪压力的问题，问题不能因涉及隐私程度较深而使被调查者不愿回答。

3. 问卷的基本结构

问卷的格式一般是由问卷的开头部分、甄别部分、主体部分和背景部分四个部分组成。

（1）开头部分

开头部分，主要包括问候语、填表说明、问卷编号等内容。不同的问卷所包括的开头部分会有一定的差别，例如下面的案例。

［案例］
问卷开头部分设计

> 尊敬的园长：
>
> 　您好！本人是××大学教育科学院的一名硕士研究生，因撰写毕业论文所需，特向您了解有关情况。通过对我市民办幼儿园的发展现状以及您的办学思想与做法的了解和掌握，不仅能够为本人论文的撰写提供依据，而且将为市、区教育主管部门制定相关的政策措施提供真实可靠的信息和合理化建议，可以促进我市民办幼儿园健康持续发展。在此对占用了您宝贵的时间表示歉意，并希望您能助一臂之力，共同完成这项调查。本问卷仅供分析研究所用，不署姓名，资料保密，请放心做答，您的如实填写将是我论文成功的基础。
>
> 　再次衷心感谢您的无私协助！
>
> 　说明：请在合适的选项前的方框内打"√"。横线上请写文字注明。

①问候语。问候语也叫问卷说明，其作用是引起被调查者的兴趣和重视，消除调查对象的顾虑，激发调查对象的参与意识，以争取他们的积极合作。

第五章 用事实说话的调查研究法

一般问候语中的内容包括称呼、问候、访问员介绍、调查目的、调查对象作答的意义和重要性、回答者所需花费的时间、感谢语等。问候语一方面要反映以上内容，另一方面要求尽量简短。

②填写说明。在自填式问卷中要有详细的填写说明，让被调查者知道如何填写问卷，如何将问卷返回到调查者手中。

③问卷编号。主要用于识别问卷、调查者以及被调查者姓名和地址等，以便于校对检查、更正错误。

(2) 主体部分

主体部分，也是问卷的核心部分。它包括了所要调查的全部问题，主要由问题和答案所组成。

①问卷设计的过程其实就是将研究内容逐步具体化的过程。根据研究内容先确定好树干，然后再根据需要，每个树干设计分支，每个问题是树叶，最终构成为一棵树。因此在整个问卷树的设计之前，应该有总体上的大概构想。

②主体问卷的分块设置。在一个综合性的问卷中，我们通常将差异较大的问卷分块设置，从而保证了每个问题的相对独立，整个问卷的条理也更加清晰，整体感也更加突出。

③主体问卷设计应简明，内容不宜过多、过繁，应根据需要而确定，避免可有可无的问题。

④问卷设计要具有逻辑性和系统性，一方面可以避免需要询问信息的遗漏，另一方面也会使调查对象感到问题集中、提问有章法。相反，假如问题是发散的、随意性的，问卷就会给人以思维混乱的感觉。

⑤问卷题目设计必须有针对性，必须充分考虑受访人群的文化水平、年龄层次等；措辞上也应该进行相应的调整，比如面对幼儿园园长做的调查与对幼儿教师进行的调查，在语言上就必须有一定的层次区别。只有在这样的细节上综合考虑，调查才能够达到预期的效果。下面以幼儿园家园合作的问卷为例，说明问卷设计的一些情况。

[案例]

陇南市武都区幼儿园家园合作情况教师调查问卷[①]

尊敬的老师：

  这份调查问卷主要是要了解幼儿园与家庭合作的基本情况以及教师对幼儿教育的想法，目的是加强幼儿园教育和家庭教育合作的一致性和实效性，促进幼儿全面健康和谐的发展。此问卷调查为不记名调查，请您依据实际情况做出回答，并在所选的答案后打"√"。衷心地感谢您填写此问卷。

1. 您的年龄是
   (1) 30 岁以下　　(2) 30~35 岁　　(3) 35~40 岁
   (4) 40~45 岁　　(5) 45 岁以上

2. 您的学历是
   (1) 初中　(2) 高中及同等　(3) 大专　(4) 本科及以上

3. 您从事幼儿教育几年
   (1) 3 年以下　　(2) 3~5 年　　(3) 5~10 年
   (4) 10~15 年　　(5) 15~20 年　　(6) 20 年以上

4. 您在哪种类型的幼儿园工作
   (1) 村办园　　(2) 私立园　　(3) 公办园
   (4) 小学附设幼儿园　　(5) 其他

5. 您是否经常与家长交流幼儿在园情况
   (1) 经常　　(2) 偶尔　　(3) 不经常

6. 您与家长交流的态度是
   (1) 主动交流　(2) 家长问时交流　(3) 有事交流
   (4) 不交流

7. 您喜欢家长参与幼儿园工作吗
   (1) 非常喜欢　　(2) 喜欢　　(3) 不喜欢　　(4) 无所谓

---

① 汪芳. 武都区幼儿园家园合作现状的调查与研究. 西北师范大学教育硕士学位论文, 2006:附录.

第五章　用事实说话的调查研究法

8. 您对家长参与幼儿园教育的看法

　　（1）有必要　　（2）没必要　　（3）无所谓　　（4）不知道

9. 您希望家长参与幼儿园的哪些活动

　　（1）家长会　　（2）亲子活动　　（3）运动会　　（4）文艺演出

　　（5）教学活动

10. 贵园是否有家长联系册

　　（1）有　　（2）没有　　（3）不知道

11. 贵园是否有家长学校

　　（1）有　　（2）没有　　（3）不知道

12. 贵园是否有家长委员会

　　（1）有　　（2）没有　　（3）不知道

13. 若有，家长委员会都参加哪些活动

　　（1）制定幼儿园计划　　（2）教学活动　　（3）开放日活动

　　（4）幼儿园管理

14. 贵园是否经常向家长公示教学及活动计划

　　（1）经常　　（2）不经常　　（3）没有　　（4）不需要

15. 家长对幼儿园举办的各项活动参与的态度

　　（1）很积极　　（2）积极　　（3）不积极　　（4）无所谓

16. 参加幼儿园举办的活动经常是幼儿的

　　（1）父亲　　（2）母亲　　（3）爷爷　　（4）奶奶　　（5）其他

17. 您是否会邀请幼儿家长讲述其职业特点

　　（1）会　　（2）不会　　（3）没想过　　（4）没必要

18. 您知道家长最喜欢幼儿园提供的哪些家庭教育指导形式

　　（1）家长会　　（2）家长联系栏　　（3）家庭教育讲座

　　（4）各项活动　　（5）其他

19. 您对教师家访的看法

　　（1）没必要　　（2）有必要　　（3）根本没必要

(4) 很有必要

20. 对于幼儿园教育和家庭教育之间的关系,您是怎样看待的
    (1) 教育完全是幼儿园的事情,与家庭无关
    (2) 家庭教育的作用并不大,主要应由幼儿园承担
    (3) 家庭教育与幼儿园教育相辅相成,缺一不可

21. 您是否愿意让家长参与教学活动或幼儿一日生活管理中
    (1) 愿意   (2) 不愿意   (3) 没必要   (4) 无所谓

22. 贵园是否有每个幼儿的成长记录袋
    (1) 有   (2) 没有   (3) 不知道

23. 当家长向您提出过分的要求时,您会怎样
    (1) 尽量去满足   (2) 给予必要的解释   (3) 可以听但不理睬
    (4) 当场回绝

24. 当您发现孩子的某些不足时,您会与孩子的家长如何沟通
    (1) 主动告诉家长孩子的不足,希望家长帮助改正
    (2) 与家长沟通交流,希望家长与教师配合,共同改正孩子的不足
    (3) 区别对待,家长好沟通就告诉,难缠的家长就放弃
    (4) 没有必要,现在家长都看自己的孩子好,说了家长也不理解

25. 贵园是否为教师举办过家园合作的辅导和培训
    (1) 有   (2) 没有   (3) 没听说过   (4) 不知道

26. 您希望家长在哪些方面给予配合

27. 谈谈您对家园合作的看法和建议。

(二) 访谈调查法

访谈调查法是指以口头形式,根据被访问者的答复搜集客观的、不带偏见的事实材料,以准确地说明样本所要代表的总体的一种方式。它是一种面对面的研究性交谈。

1. 访谈调查法的适用范围

访谈法主要是用于以下一些情况:

所需要调查的问题比较复杂，用问卷或者其他的方式难以全面了解情况，需要详细了解较为具体的事实材料，尤其是各种心理、行为倾向。

对需要了解的材料，被调查对象用书面形式难以确切表达。

调查对象比较复杂，不能用一份问卷或者量表索取事实材料。

2. 访谈调查法的类型

根据不同的标准，访谈法可以分为不同的种类，例如我们可以根据访谈内容和过程有无统一的设计要求、有无一定的结构，分为结构式访谈与非结构式访谈；根据谈话是否有中介物，分为直接访谈和间接访谈；根据调查对象的数量，分为个别访谈与集体访谈。

结构式访谈，也称封闭式访谈，是指访问者根据事先设计好的有固定格式的提纲进行提问，按相同的方式和顺序向受访者提出相同的问题，受访者从备选答案中选择，实际上是一种封闭式的口头问卷。其优点是研究的可控（问题的控制，环境的控制）程度高，应答率高，结构性强，易于量化，但灵活性差，对问题的深入程度不够。

无结构性访谈，也称开放式访谈或非标准化访谈，如同开放式问卷一样，它不采用固定的访问问卷，不依照固定的访问程序进行，鼓励受访者自由表达自己的观点，具有较强的灵活性，并且细致深入，可以对感兴趣的问题细致追问，挖掘出生动的实例，得到更为深入的信息，但费时、费力，结构不完整，难以量化。

除了结构式访谈与非结构式访谈，还有半结构性访谈，就是说它有访谈提纲，有结构式访谈的严谨和标准化的题目，也给被访者留有较大的表达自己想法和意见的余地，并且访谈者在进行访谈时，具有调控访谈程序和用语的自由度。半结构式访谈兼有结构式访谈和无结构式访谈的优点，既可以避免结构式访谈的呆板、缺乏灵活性、难以对问题作深入的探讨等局限，也可以避免无结构访谈的费时、费力、容易离题、难以作定量分析等缺陷。

3. 幼儿教师使用访谈调查法程序与技巧

一般来说，访谈大体来说分为访谈准备、访谈过程的控制、结束访谈和记录访谈结果等几个阶段。

(1) 访谈的准备

第一步：准备详细的访谈提纲。要根据研究的目的和理论假设，准备详细的访谈提纲，并将其具体化为一个个访谈问题。访谈的问题要能涵盖研究主题所涉及的范畴，又要有层次性，提问的方式、用词的选择、问题的范围要适合被访者的知识水平和习惯，简单明了，通俗易懂。

第二步：了解被访者。访谈前尽可能收集有关被访者的材料，了解得越清楚，访谈时就越有针对性。

第三步：确定访谈的方式与进程。为了使访谈规范，能获得实效，须事先安排访谈行程，将访谈人员、被访者、访问日期及时间作适当的安排。

第四步：准备访谈所需的材料与工具。访谈前要对访谈内容所涉及领域的相关知识有个充分的了解，对有关材料作充分的准备，如访谈记录表、各种证明材料、录音机、录音笔、摄像机等。

(2) 访谈过程的控制

在访谈过程中要注意以下几个方面的事宜：

第一，作自我介绍与访谈介绍，说明来访的目的以及为什么进行这项研究，进而强调本研究的重要性，请求对方的支持与合作。

第二，提问要清楚明确。所提问题要口语化，语气要委婉，要让被访者一听就明白意思。若采用结构式访谈，必须使用统一的访谈问卷，按事先准备好的访谈问题依次提问，不得任意增删文字或更换题目顺序。若采用无结构访谈，则要求所提实质性问题短小、具体，尽量避免使用深奥、抽象的专业术语。

第三，要耐心听取回答，不要给予任何评价。访谈人员对所提的问题要保持客观、公正的立场，当被访者对问题不理解或理解错了，访谈人员可以重复问题，有时候也可以适当做些解释，但不能给予任何暗示。尤其是涉及不同观点或是有争议的问题，访谈人员更应保持中立态度，无论被访者回答正确与否，都不宜作肯定或否定的评价。

第五章 用事实说话的调查研究法

第四,积极维持被访者的访谈动机,不断地使用"是""懂了""明白了""请继续说"等非指导性的话语,或用点头、目光和手势等非语言信息鼓励被访者继续讲下去。

第五,注意非语言交流,创设一个良好的交流氛围。

(3)访谈的结束

第一,掌握好访谈结束时机。一般情况下,被访者保持注意力的时间为:电话访谈 20 分钟左右,结构式访谈 45 分钟左右,团体访谈和无结构访谈不要超过 2 小时。至于一次访谈究竟花多少时间为宜,应根据访谈的实际情况灵活控制,以不妨碍被访者的正常工作和生活秩序为原则。第二,访谈结束时,不要忘了对被访者的支持与合作表示感谢。如果这次访谈尚未完成任务,还需进一步调查的话,那么必须与被访者约定下次再访的时间和地点,最好还能简要说明再次访问的主要内容,让被访者有个思想准备。

4. 幼儿教师进行访谈记录应注意的事项

访谈的目的是为了搜集资料,而资料的搜集则是由访谈人员的记录而来。幼儿教师作访谈记录过程中要注意以下的基本要求:访谈过程中要随问、随听、随记,以免遗忘有关信息;要逐字逐句记录,尽量记录被访者的原话,不要添油加醋;少作概括性的记录,不要对被访者的回答内容作摘要,以免掺入主观成分;访谈记录表上要写明访谈人员的姓名、访谈日期、时间、地点等资料,以便于分析查考;访谈记录中除了被访者的问答外,追问、评注、解释、访谈情境和特殊事件的描述等部分需要加括号,以示区别。

5. 幼儿教师进行访谈记录的主要方式

访谈的记录从记载的时间上来分,分现场记录和事后记录两种;从手段上分,有纸笔记录和辅助记录两种。

现场纸笔记录。它是边访谈边用纸笔进行记录,需要征得被访者的同意,其优点是资料完整,不带偏见,但可能会影响访谈的进行。访谈现场的记录主要是内容型记录,记的是被访者所说的内容。有时也可以记访谈者在访谈过程中看到的东西,如访谈的环境,被访者的行为、神情、反应等;有时也记录访谈者自己在访谈现场的感受和体会,对事实做简略的评论。

事后记录是在访谈之后靠记忆来补记访谈的内容,这种方式用于被访者不希望现场记录,或当场记录会使谈话显得过于正式、拘谨,会影响被访者回答的情绪。但这种方式会因记忆不准而影响资料的完整性,一般需要其他辅助手段来进行。

辅助记录手段的使用。纸笔记录往往难以获得完整的谈话资料,为了获得更完整的访谈资料,可利用录音录像的方法来辅助记录。采用录音录像可以保留完整的谈话资料,避免纸笔记录的误差,整个访谈情境可以重复、再现,便于资料的分析和整理,访谈人员也不必为笔录而分心,可专心于谈话内容。但它的运用必须征得被访者的同意,如果被访者不喜欢谈话被录音录像,访谈人员则不能强求。

【阅读推荐】

1. 陶保平. 学前教育科研方法(修订版). 上海:华东师范大学出版社,2006.

该书遵循理论联系实际的原则,对学前教育研究方法进行了系统的描述和介绍,详细阐述了各种研究方法的特点、过程、步骤,并引用大量的例子说明研究方法在实践中的运用。该书的第五章比较详细地阐述了调查研究的类型、设计与一般过程;在此基础上结合一些案例阐述了幼儿园教科研活动中比较常用的调查研究方法,如问卷法、访谈法、经验总结法等方法。

2. 李哉平. 如何进行教育问卷调查. 教学与管理,1999(8).

作者在文中结合一些简单的案例,比较详细地阐述了问卷调查法一般的程序为:明确目标→构建框架→选择题型→编制问题→撰拟导语→征询试测→考察定稿→组织实施→整理分析→形成报告。

第五章　用事实说话的调查研究法

【思考与探索】

1. 结合本章所学的问卷设计相关知识，就你感兴趣的幼儿教育问题，设计一份完整的问卷调查表。
2. 围绕一个主题，做一次访谈练习，找到其中访谈的技巧，以及为了提高访谈效果，在访谈过程中应该注意哪些方面的问题。

第六章　剖析学前教育现象的教学案例研究法

【内容提要】 本章阐述了教学案例研究的内涵、教学案例主题的选择以及幼儿教师开展教学案例研究的三个步骤：准备阶段，确定研究主题并进行精心设计；开展研究，伴随活动过程进行深入研究；积极反思，基于描述与记录基础上的分析和思考。

【问题导引】 通过本章学习，能深入思考和解答以下问题：一是幼儿教师在进行教学案例研究过程中，该如何选择研究的主题。二是在教学案例研究过程中，幼儿教师进行反思的前提是什么、对象是什么、如何展示自己的反思成果。

近年来，案例研究作为一种新的教育研究方式，在我国幼儿教育界受到越来越多的关注，并逐渐在幼儿园教科研工作中得到了广泛的应用。对于幼儿教师而言，案例研究是一种非常适宜操作的研究方法。幼儿教师进行案例研究，所选择的教学案例主要是源自于幼儿园的日常教育教学活动，这种研究不但有利于幼儿教师分享他人的教育教学经验，而且有助于促进幼儿教师反思自己的教学行为和策略，并自觉地不断调整、改进、完善和提高。幼儿教师要开展教学案例研究，首先就要了解什么是教学案例，什么样的主题适合进行教学案例研究，教学案例研究的基本过程是怎样的，以及如何撰写教学研究案例等问题。

第一节　什么是教学案例

一、教学案例的内涵

教学案例就是对发生在幼儿园教育教学过程中的、真实的、包含有一定疑难情境与问题的教学事件和教育情境的描述。这种描述以丰富的叙事方式，向人们展示了一些包含有教师和幼儿的典型行为、思想、情感在内的故事。具体可以从以下几方面进行理解：

1. 真实性。就是案例所描述的事件和情境是真实发生的。虽然案例展示的是一个饶有趣味的故事，但是案例与故事有一个根本的区别，那就是故事可以杜撰，案例不能杜撰，它所反映的是撰写者作为当事人所经历过的真实的事件。

2. 典型性。教学案例是典型性的事件，即要能够从这个事件的解决中说明、诠释类似事件，也就是说教学案例所描述的情境中包含有幼儿教师遇到的普遍性疑难问题，只有包含这种典型性与普遍性的问题的事件才能成为教学案例的内容。

3. 问题性与启发性。案例是含有问题或疑难情境在内的事件，而案例所描述的事件以及所反映的主题必须是可以启发幼儿教师的思考，即解决这些疑难问题的策略与过程能够给其他幼儿教师以借鉴。

二、幼儿教师如何选择教学案例的主题

幼儿教师在进行教学案例选择的过程中需要遵循一些基本的原则[①]。

（一）围绕一个突出的主题

一个好的教学案例必须围绕一个中心论题，要突出一个主题，而不能追求面面俱到。只有聚焦于一个主题，抓住一个突出的问题，才能在案例研究的过程中围绕这一关键问题进行探讨与思考，研究的内容才可能集中与突出，在教育教学中才容易操作，才可能针对出现的问题及其发展，进行解决问题策略与途径的尝试、研究和探索，并进行效果的检验与评估，经历一个较为完整的案例研究的过程。如果一个教学案例中混杂着多个主题和多个研究问题，幼儿教师在研究中就可能会出现混淆，难以理清其中的线索。

（二）具有典型的教育学意义

教学案例研究的主题必须富有教育学意义，能够典型地反映一定的教育思想或教育理念。一般而言，教学案例的产生源自于某个典型的教育教学过程中的问题。案例是针对这一问题的描述，包括问题产生的背景和情境，采取了哪些有效的方法和策略来解决这些问题，解决的过程怎样，解决的效果如何。要使案例的主题能够体现出典型的教育学意义，就要求在确定一个教学案例的研究问题时，首先要考虑这样的问题是否是大多数幼儿教师在教育教学过程中可能遇到的；其次是要注意案例所展示的解决策略是否有普遍性，是否能够引起其他教师的共鸣，给其他有可能遇到类似问题的教师以启示与借鉴。教学案例主题的教育学意义可能体现在儿童发展规律与学习特点的揭示方面，也可能体现在幼儿教师的教育教学方法、原则的探讨方面，但更多的是体现在关键经验的确立以及教育教学行为的选择等具体操作策略方面。

---

① 刘占兰，廖贻. 聚焦幼儿园教育教学：反思与评价. 北京：北京师范大学出版社，2009：189-191. 有删节。

(三) 要有延伸、发展的空间

教学案例的主题应该是开放性和发展性的。一个好的教学案例研究的主题必然具有多种可能性，不管是问题的呈现方式，还是问题解决的途径，都可以引发案例开发者和他人继续深入地思考与探讨。对于案例开发者来说，能够在这一主题的基础上不断深化，或者继续围绕主题进行一系列的案例开发，也就是有继续深入研究与拓展的空间。对于其他教师来说，既可以吸收案例中所反映的主题，又不局限于案例中的具体问题与情境，不受制于案例中所提供的问题解决策略，能够结合自己的教育教学实践进行深入的思考。

(四) 能促进教师与幼儿的发展

一切教学案例研究的最终目的都是为了提高幼儿园教育教学质量，以促进教师和儿童的发展。这就要求在确定案例研究的主题时要充分考虑其对教师和儿童的作用和意义。要选择那些能够调动儿童学习的积极性、促进教师对教育教学有更深入思考的问题作为案例研究的主题。值得指出的是，那些对改善幼儿园教育教学状况作用不明显，对促进教师和儿童发展没有直接影响的主题，一般没有太大的案例研究价值。如果案例研究的主题不但对教师和儿童没有直接的积极作用，而且案例研究的过程对教师和儿童还有可能造成一定的负面影响，这样的主题是要坚决摒弃的。

第二节　幼儿教师如何开展教学案例研究

教学案例研究是以某一教学事件或者是教学现象为研究对象，通过观察、反思等方式进行反复的分析与研究，并最终以案例的形式来揭示其内在规律的教育科学研究过程。幼儿教师进行教学案例研究的过程与其教育教学的过程基本是一致的。因此，幼儿教师在进行教学案例研究的过程并不是如同教育理论工作者或者是教育专业研究人员那样，从一个理论假设入手，经过收集资料，进行分析最后形成教学案例的线性的过程，而是一个理论思考和教育教学实践不断交叉反复的非线性过程。

第六章　剖析学前教育现象的教学案例研究法

幼儿教师进行教学案例研究的基本思路是把教育教学过程中发生的事件与现象如实记录下来，撰写成案例，然后围绕案例过程中所反映的主题进行个体反思和集体研讨，明确案例中的主要问题与问题的解决策略以及需要进一步探讨的问题，最终经过加工与整理形成教学案例。具体而言，开展案例研究要经历以下几个阶段。

一、准备阶段：确定研究主题并进行精心设计

虽然教学案例研究是对幼儿教育实践中的教育现象与教育问题的反应，但是它同样需要教育理论的指导，这就是说为了更好地开展案例研究，需要幼儿教师在确定研究主题之前应具有相应的理论素养，熟悉学科或领域的教育教学实践的基本现状等。幼儿教师的教育理论修养是其进行案例研究的知识前提。因此，幼儿教师要想很好地进行教学案例研究，必须要加强自己的教育理论素养以及对教育现象的洞察能力。

幼儿教师在决定开展教学案例研究之前，还需要有针对性地进行文献查阅、实际调查和材料收集，在结合自己的教育教学实践基础上，初步确定案例研究的研究主题、研究目标、研究任务以及研究方式等。

幼儿教师在确定研究主题的过程中需要考虑以下几个方面的要素：首先是幼儿教师对自己所确定研究的主题，有一定的基本理论积淀和一定的思考，因为只有具备了一定的教育基本理念，幼儿教师才能在复杂的教育教学现象和教育实践中，以独特的视角捕捉到真正有教育意义的、值得深入研究和探讨的教育事件。其次是幼儿教师要从自己的教育教学实践中遇到的问题与面临的困惑中寻找案例，带着这些问题与困惑去进行实践探索。如果幼儿教师脱离了自己的教育实践，不去关注自己周遭真实的教育教学需要和困惑，幼儿园组织幼儿教师开展的教学案例研究很难产生真正的实践价值。

在确定了研究主题之后，幼儿教师面临的问题就是进行活动设计。活动设计是活动组织实施的重要前提，也是教育教学的重要环节，围绕教学主题进行的活动设计质量如何将直接影响着案例研究过程的方向与成效。幼儿教

师在进行活动设计时要考虑到可能性与可行性，就是要考虑到条件是否允许，教师自身能否有能力开展这样的活动，还有就是活动所涉及的学科或者是领域的特性，以及自己所在班级幼儿的年龄特征和发展状况等。

二、开展研究：伴随活动过程进行深入研究

教育活动组织与实施的过程是幼儿教师进行教学案例研究的主要载体和环节。教学案例研究的主体内容就是对教学实践过程的客观、深入的描述，同时也要求幼儿教师在研究状态下开展教学活动过程。在案例研究过程中，幼儿教师要以研究者的角色进入教学活动现场。教学活动现场也是研究的现场，教师要在研究的意识指导下开展教学活动，在教学活动过程中，观察和记录幼儿的言行，尤其是那些与众不同的言行和独特的思维方式。这就需要幼儿教师在教育活动实践过程中，通过多种途径及时而有效地获取案例内容的多方面的信息，以便为其后的案例分析和撰写提供第一手的素材。幼儿教师有效获取与案例有关信息的方式主要是通过观察：观察幼儿的言行表现、活动的进展与活动的氛围、活动过程中解决问题的策略与效果。另一个有效获取信息的方式就是幼儿教师在活动开展过程中对幼儿进行提问和对话交流，通过这种方式，教师可以了解幼儿的感受和想法。

这种研究与活动组织实施有机融合的独特方式，要求幼儿教师在进行教学活动组织时既要考虑到自己预设的教学方案的实施，也要关注到活动过程中幼儿的反应与真实的需求，并能及时调整自己的活动组织过程和教学行为，改变教学策略，让整个活动过程是在师幼共同的互动中完成的，而不是幼儿教师的一言堂。

三、积极反思：基于描述与记录的分析和思考

在教学活动结束后，幼儿教师应尽快把教学过程中发生的事件、遇到的问题等客观真实、详细地记录下来。在这个过程中，幼儿教师要把真实发生的和自己感受到的区分开来，尽可能客观地记录与描述当时的教育教学活动情境，如教学活动中发生了什么、遇到了什么问题、幼儿教师是如何应对的、幼儿在活动中的表现与反应等细节。幼儿教师应避免把自己的主观情绪和态度加入到教学过程中。

（一）反思的层次与方式

在活动之后开展的反思环节中，幼儿园可以通过开展多个层面的反思来提高活动效果。

第一层面，幼儿教师个人的反思。就是幼儿教师根据教育教学过程记录的材料以及活动结束后补充的相关支撑性材料，对自己组织开展的教学过程进行深刻反思。教师个人的反思方式与内容应该是围绕着教学案例所确定的主题进行，抓住主要的问题和关键性事件进行深入的思考。

个体层面的有效反思有助于提高幼儿教师的专业水平和反思能力。正如一位幼儿园教师所说的那样："我觉得把事件记录下来，把反思写下来，与我们在教学中简单的思考相比，有其特殊的价值和意义。首先，写教学反思，能促进我们对理论的理解内化。缺乏理论的指导，只能呈现肤浅的反思，但如果希望自己写得深刻些，便会有目的地去翻阅资料，搜集素材，并加以整理。通过整理能深入理解理论的内涵。其次，写教学反思，能促进我们的思考向纵深发展。一般来说，教学过程瞬间的亮点往往容易被忽视。动手写反思，可以对教学过程进行逻辑化、条理化、理性化的表述，逐渐使自己对问题的思考趋于全面和深入。第三，勤写反思，能促成自身经验的积累与提升。一般思考容易淡忘，而'写'有助于把实践的经验、问题和思考积累下来，加深自己对教学典型事例的思考和记忆，坚持久了，必能把经验的'点'连成'线'，最后形成'面'，形成自己的'体系'。这是我们成长过程中的宝贵'财富'。"[①]

第二层面是集体反思。集体层面的反思教研活动是以教师个人反思为基础的集体研究活动。集体反思是指与同事一起观察自己的、同事的教学实践，

---

① 曾福秀. 对教学反思的反思. 学前教育研究，2005（10）.

与她/他们就教学实践的环节和存在的问题进行对话、讨论，是一种互动式的活动，它注重教师之间从多个角度进行分析和解读，尤其是从不同的角度反思案例的主题是否具有显著的教育学意义，而不是拘泥于活动中一些与主题无关或者是关系不大的细节性的问题进行探讨。在反思型教研活动的整个过程中，要求教研组每个人都积极参与，既当演员，又当观众，每个环节都尽可能做到先个人反思后群体反思。

第三层面是有教研员或者专家参与的反思。除了幼儿教师个体、集体层面的思考与分析外，幼儿园还可以与教研员或专家进行研讨互动。这对于幼儿教师进一步深入反思自己的教学具有重要的价值，在这个过程中，幼儿教师要以一种开放性的心态面对教学过程中的问题与困惑。幼儿教师通过与教研员或专家针对案例研究过程中如何更好地体现案例的主题等问题进行交流，有助于幼儿教师在案例描述与个人反思的基础上更好地完善和表现案例的主题，尤其是突出案例主题的教育学意义。

有了这些来自于教学实践过程中的案例素材，有了幼儿教师个人的反思，有了同伴的分享交流，有了教研员与专家的支持与引导，幼儿教师就可以在明确案例主题的基础上将教学活动过程的问题、思考与解决策略关联起来。

在个体与集体层面的反思过程中可能会同时涉及多个方面的问题甚至是多个主题，但我们通常只能对一个关键性的问题和一个特定的主题进行深入的分析和思考。这就需要教师选择教学活动中最具典型意义的主题进行深入思考，这一主题可以是事先预设的，也可以是后期生成的。

（二）幼儿教师进行反思应注意的问题

幼儿教师在反思过程中要注意以下几个方面的问题：

1. 反思仅仅停留在感性描述的层面

不少幼儿教师由于对教学反思的意义认识不到位，或由于抓不住有价值的切入点，其撰写的教学反思往往流于形式，难以产生启发实践的价值。例如这位幼儿教师撰写的这篇反思记录。

第六章 剖析学前教育现象的教学案例研究法

［案例］
案例反思：豆芽是从哪里来的[①]

秋天是收获的季节，我让幼儿收集各种植物的种子来布置我们的自然角。幼儿兴致特别高，第二天纷纷收集玉米、大豆、高粱、花生等投放在自然角。有一天午饭的时候，小朋友吃豆芽炖肉，大家都在安静地吃饭，东北角上的几个小朋友却在窃窃私语，争论不休，后来声音渐渐大起来。我听到露露说，"豆芽是从地里长出来的"，珂珂说，"不对，是从豆子里冒出来的"，程程说，"可是豆子硬邦邦的怎么能长出芽来呢？"……我走过去，孩子们马上把求助的目光投向我。我没告诉他们答案，只是说，"小朋友赶紧吃饭，吃完了，我们来做个实验，你们就知道了"。一会儿功夫，孩子们饭都吃完了，我让每个孩子到活动区域拿个一次性纸杯，再拿几粒黄豆装在杯子里，然后盖上一块浸满水的海绵，把纸杯放在活动区域，并交代他们要耐心等待几天，就会发现答案了。接下来的几天，我发现时时都有孩子忍不住偷偷掀开海绵看……

反思：新《纲要》强调"为幼儿的探究活动创造宽松的环境，让每个幼儿都有机会参与尝试，支持、鼓励他们大胆提出问题"。在生活中，幼儿发现了问题并用自己的生活经验来猜测问题的答案，作为教师应该善于观察孩子，洞察他们的直接经验和心理需要，为他们提供探索的平台。"豆芽是从哪里来的"其实是教师善于抓住生活中的契机而设计成的……

从这位幼儿教师的这篇反思记录来看，幼儿教师对到底什么是反思、反思的目的和价值到底是什么、如何反思以及反思什么等问题还不是很明确。这样反思还只属于随想，仅停留在感性描述上，缺乏对其中的问题的深入分析，还谈不上是反思。这也从另一个角度反映了幼儿教师普遍对反思的方法、策略以及反思的层次认识与理解不足。

2. 反思仅有批判而无建设

很多幼儿教师在反思的过程中都认识到了自己某些行为的不当，但是更

[①] 中国幼儿教师网．http://www.yejs.com.cn/HtmlLib/29059.htm.

多的就停留在这里，而没有深入分析背后的原因，并提供改进的建设性意见。即幼儿教师的反思是以批判成分为主，建设性的意见通常被忽视。而实际上，反思是指用批判性与回头审视的眼光看待自己的观念和实践的方式，是以一种研究、探讨、思虑的心态投入自己的生活和工作。

一位幼儿教师在反思记录中这样进行记录："活动中有两个孩子因为收拾玩具而产生争端，我当时尽管问清了缘由，但还是批评了那个虽坚持秩序却大声喊叫的孩子。我后来反思认识到，中班的孩子是秩序感发展的关键期，接受不了秩序被打乱，自己当时的教育行为忽略了孩子的发展特点，是不恰当的，会对那个孩子的发展不利。"从这位教师的反思记录中我们可以看到，这位幼儿教师的教育反思仅仅停留在对自己教育行为的批判上，对自身教育行为发生背后的真正原因是什么，解决不恰当的教育行为的新策略是什么，这种新策略的有效性如何等等问题没有做出更深一步的理性分析和建设性的思考。为了避免这种现象的出现，幼儿教师既要成为反思者又要成为建设者，在反思活动中，以建设性意见为出发点，从批判者逐步走向建设者。

3. 在教学反思中坚持"三要"

（1）反思要以具体的教学活动为基础

教学反思不是抽象的思辨活动，它离不开具体的对象。这个对象就是有时间、有地点、有人物、有事件、在真实情境中发生的教学事实。教师、幼儿、教学内容等各种因素构成教学场景和教学细节。这些场景和细节可以是教师自己的，也可以是他人的；可以直接来自于实际的课堂观察或课堂经历，也可以来自以文字形式记录下来的教学实录。但不管是哪种方式，都应能具体生动地再现当时的教学情境。

（2）反思要选好切入点

教学活动是一种教师与幼儿互动的连续性活动，具有时间性和整体性。面对这样一个复杂整体，作为一种理性思维的反思，要洞察其全部，只能选取合适的切入点。选取切入点的过程，是对教学事实进行再认识的过程，也是反思主题的提炼过程。在这个过程中，我们可以找到反思的着力点，顺利打开思路，从具体的视角审视课堂教学中的深层问题。

（3）反思过程中要进行必要的原因分析并有针对性提出建议

教学反思过程中要超越简单的记录或者是简单地判断自己行为，超越简单的"是"与"非"、"好"与"不好"的纯粹经验性的判断和理解，要从分析案例的过程中探讨出教师教学行为背后的教学理念、教学智慧等，有效地对实践进行恰如其分的批判和评价，提出改进的策略与建议。

（三）撰写案例：表达思考与展示收获

至此，幼儿教师在对案例材料进行深入分析与研究的基础上，就可以按照一定的格式将案例材料与反思等内容表述出来，形成教学案例。对案例的分析和讨论，必然要回归到教育主题上面，展示其价值。案例中不能没有故事，否则就不是案例研究。但是案例研究不能单纯地讲故事，它还要有深层次的东西，必须对案例进行分析、研究。因此，撰写教学案例时要目标明确，根据案例的主题对案例材料进行优化选择。案例的撰写并不是案例研究活动的终止，还应与同伴进行交流和分享，在交流和分享的基础上，幼儿教师才能就案例所反映的问题与主题进行深入的研究与思考。

1. 幼儿教师撰写教研活动案例的要求

（1）总体要求

撰写教研活动案例的总体要求是基于真实事件，合理进行思维加工，体现案例的基本特征。需要强调的是，案例的素材是曾经组织和实施的教研活动；案例的呈现是融入撰写者对这次活动的重新认识和理性思考后，整理而成的具有案例基本特征的文本材料。

（2）表述要求

案例内容的主体部分是对一次教研活动过程的完整描述，以及开展活动的前因和后果。案例的撰写必须有以下要求的完整表述，才能使人看得明白、准确理解。第一，深刻阐述活动的主题。一次教研活动，应有明确的主题。在案例中，要阐明为什么要确定这个主题、主要研究什么问题、解决问题的基本策略和方法是什么。因此，就要有关于活动背景和重点关注问题的分析，有关于活动意图和所用策略方法的陈述。第二，清晰描述活动的过程。教研活动是形成案例的基本事件。在案例中，要讲清楚这次教研活动的全过程，包括活动的阶段性安排，各个阶段做了什么和怎样做的，以及事件发展过程中的主要情节。因此，就要有关于活动目标、方式和流程的简明介绍，有具体实施情况和重要细节的真实反映。第三，中肯评述活动的结果。教研活动案例应具有借鉴作用。在案例中，要恰当表述这次教研活动取得的经验和成果；要以所描述的事实为依据，从教育教学理论的高度对活动作出切合实际的评价，从教研工作的整体推进着眼阐发活动的意义。因此，就要有活动目标达成度的评析、活动经验的总结，以及活动对推进教研工作的启示。

2. 幼儿教师撰写教研活动案例的体例

一般而言，一个教学案例报告包括案例标题、案例背景、案例事件和过程、案例事件的反思。因此，幼儿教师撰写教学案例，需要考虑以下方面的基本要素与环节。

(1) 案例标题

案例标题最好能够突出案例中的典型教育情境或者反映出案例中事件的主题。幼儿教师一般有两种选择标题的方式，一是直接用案例中的事件作为案例的标题；二是将案例事件所反映的主题作为案例的标题，这就需要幼儿教师将案例所反映的主题进行明确归纳。

(2) 案例背景

所有的教育教学事件都是发生在一定的时空范围内与背景下的。案例的背景一般是简要介绍与交代案例中事件所发生的时间、地点以及原因、条件和经过等方面的基本情况。这些简要的交代对于同行或读者理解案例的过程、评判案例教学中的问题解决等都是非常重要的。

(3) 案例事件和过程

对案例事件及发生过程的描述是教学案例的主要部分。因此，在描述时要围绕着案例的主题，说明事件的前因后果、发展历程以及产生了哪些问题、如何解决这些问题的、解决问题的效果如何等。幼儿教师要根据阐述内容要点的需要，抓住重点，恰当选用、合理组织材料，使案例中引用的材料既充实又精炼，做到详略得当、层次分明。

（4）对案例事件的反思

教师撰写教学案例的过程，其实也是对自己解决问题过程的一种反思和自我监控的过程，是对自己在解决问题过程中的经验和教训的总结。在反思过程中，幼儿教师要围绕以下问题展开：案例事件的发生和问题的解决过程中有哪些经验和教训；自己对案例事件发生过程的认识和感受如何；在今后的教学活动中，如遇到此类问题该如何解决等。幼儿教师在教学案例的反思过程中要有所侧重，抓住自己最有感触或者是思考最深入的方面，结合案例的主题进行深入的分析和细致的思考。下面的案例，比较详细地阐述了幼儿教师如何通过案例的方式对活动进行反思和分析。

［案例］

托班"运水"活动及反思[①]

一、活动背景

结合孩子的兴趣点及季节特征，近期我们开展了"有趣的水"主题活动，从最初的自由玩水到有选择地使用工具玩水，在循序渐进的过程中，孩子们积累了一些玩水的经验。考虑到应让2—3岁的幼儿在开放的空间里，在丰富、适宜的环境中获得自然的发展，我预设了"运水"活动，让幼儿用大小不同的容器运水，积累更多玩水的经验。

二、活动目标

尝试用多种材料和方法将大盆中的水运到小盆中，体验玩水的乐趣。

三、活动准备

1. 经验准备：有过玩水的经验。

2. 材料准备：①瓶子、小碗、小勺、水壶、漏斗、水桶等大小不一、种类不同、能让幼儿运水的器具；②小桥三座（难易不同）；③提供一些辅助材

---

① 陈胜宇. 托班"运水"活动及反思. 早期教育，2005（9）.

料：小拖车、小推车；④布置小熊的家；⑤4~5个可装水的大盆（2个稍大的做池塘，其他的做小熊家的水缸）。

四、活动过程

1. 创设问题情境。

师（出示小熊）：刚才，我接到小熊的电话。它说：哎呀，不好了，今天我家停水了，天气这么热，可怎么办呢？

教师支持方式：顺应幼儿、灵活应对。（如：小熊家不远处有一个小池塘，可它一个人拎不动，你们愿意帮助他一起到池塘里运水吗？）演示各种运水工具（大小不一的瓶子、小水桶、小碗等），提问：想一想，用哪些东西运水可以运得又快又多？

2. 幼儿尝试用各种材料、方法运水

到场地后，教师把任务交待一遍，并让孩子数数有几个池塘，河上有几座小桥。提醒幼儿需注意的规则——运水需走过小桥；过桥时，小心别把水泼了。

观察要点：

观察幼儿是如何与材料积极互动的，重点观察幼儿选择什么工具，用什么方法盛水、运水。

装了满满一大瓶的水拎不动怎么办？（引导幼儿用小拖车、小推车等）

观察幼儿是如何把水运过桥的。提醒宝宝整理运水工具。

3. 交流分享。

说说是怎样把水运到小熊家的。小熊："谢谢你们，你们可帮了我的大忙。"（奖励宝宝粘纸）

五、活动反思

作为教研员，我一直在思考这样一个问题：怎样解决教师在实践中碰到的棘手问题？在"运水"活动中，我在以下方面作了一些有益的尝试，得到了一线教师的认可。

1. 托班的活动要尽量低结构。在托班的集体活动中，常常会看到比较高结构的活动，教师控制着活动的进程，活动效果不尽如人意，尤其是小年龄的孩子往往并不怎么感兴趣。而在"运水"活动中，孩子们始终保持着浓厚的兴趣，没有一个孩子游离在活动之外，这显然和选材有关（贴近孩子的生活经验），但我觉得另一个原因还在于活动的组织形式比较低结构，孩子有机会自由选择，能自主地参与活动。因为针对小年龄孩子的特点，我提供了很多大小不一、种类不同的运水器具，难易不同的小桥以及一些辅助材料（小拖车、小推车），让孩子在宽松的环境中，在与丰富材料的积极互动中建构新的经验。活动中，我对托班孩子的能力也有了更深的体悟。

2. 注重活动的整合。在"运水"活动中，我尽量考虑到了生活化、游戏化和情境化，创设了"帮助小熊运水"这样一个情境，孩子们在教师创设的情境中尽情地玩，天性得以自然流露。活动成为运动、游戏、学习的高度整合，很难分清这到底是运动、游戏，还是学习。

3. 提供合理的"支架"。有效的"支架"教学不是成人告诉儿童解决问题的方法，而是支持孩子自己去解决问题。活动中，教师更多是以一个观察者、支持者的身份，关注幼儿与材料的互动情况，支持、推动幼儿的主动学习。孩子可以自主选择运水的器具，大胆尝试不同的运水方法（拎着走、托着走、推着走、拖着走等），通过自身的主动参与、反复实践和探索，体验玩水的乐趣，积累玩水的经验。

【阅读推荐】

刘占兰，廖贻主编. 聚焦幼儿园教育教学：反思与评价. 北京：北京师范大学出版社，2007.

本书按照幼儿园教育教学时间顺序，以一个个生动而典型的实例，引导教师从思考主题和目标的确立开始，逐步学习提供适宜的环境与资源，体会真正的主动学习的"课堂"，感悟如何根据幼儿在不同领域学习的特点、发展进程进行有效的支持与促进，再尝试着反思与改进教学。通过本书的学习，有助于幼儿教师深入了解幼儿园教科研中如何使用案例研究，同时有助于幼儿教师获得看待问题的新视角、揭示现象的新纬度、改进教育教学的新动力。

【思考与探索】

1. 什么是幼儿园案例教学研究？结合案例研究的内涵，谈谈开展幼儿园教学案例研究的基本思路是怎样的。

2. 幼儿园案例教学研究过程中有一个重要的环节是积极反思，结合自己幼儿园开展的教学案例研究，谈谈你们幼儿园是如何组织幼儿教师进行反思的，为了提高幼儿教师反思的水平，在反思过程中你们进行了哪些方面的探索。

第七章　边工作边研究的行动研究法

【内容提要】本章主要阐述了行动研究法的内涵与特点；阐述了幼儿教师开展行动研究的类型与行动研究为什么更加适合幼儿教师；从行动研究中的计划、实施行动、观察、反思与评价等环节阐述了幼儿教师如何开展行动研究的问题。

【问题导引】通过本章学习，能深入思考和解答以下的问题：为什么说行动研究更加适合幼儿教师在教科研中应用呢？

近年来，随着我国幼儿园教育教学改革的不断深化以及《幼儿园教育指导纲要（试行）》的颁布实施，幼儿教师专业成长问题成为幼儿园教育教学改革的热点，在此过程中，行动研究方法日益受到关注。幼儿教师在幼儿园教育教学实践中积极反思、探询，以自己的真实感受去体验、理解、关注，进而发现问题，解决问题，这种在教育活动中不断反思的过程便是一种颇具成效的研究方法——行动研究。最近，我国幼儿教育科研领域有很多课题都采用行动研究法，在促进幼儿教师专业发展，推动幼儿园解决实际问题、提升幼教质量方面取得了良好的效果。

第一节　什么是行动研究法

一、行动研究的内涵

"行动研究"是二战时期美国社会工作者约翰·柯立尔（J. Collier）、著名社会心理学家勒温（K. Lewin）等人在对传统社会科学研究的反思中提出来的，最早应用于社会学和民族学研究领域，后来应用于教育科研，很快受到普遍欢迎。这种研究通常是小范围的探索性活动，一般由科研工作者和教学实践人员共同参与完成，研究成果为实际工作者理解、掌握和实施，研究以解决实际问题、改善社会行动为目的。通过二者的相互反馈和不断调整，从而使研究更具有实践指导价值。

后来学者考瑞（Stephen M. Corey）在1953年出版的《改进学校实践的行动研究》一书中系统地将行动研究定义到教育中来，使行动研究法很快影响到教育实践。他指出："所有教育上的研究工作，应由应用研究成果的人来担任，其研究结果才不致白费。同时，只有教师、学生、辅导人员、行政人员及家长、支持者能不断检讨学校措施，学校才能适应现代生活之要求。故此等人员必须个别或集体地采取积极态度，运用其创造性思考，指出应该改变之措施，并勇敢地加以试验；且须讲求方法，有系统地搜集证据，以决定新措施之价值。这种方法就是行动研究法。"

尽管许多学者对行动研究下的定义不同，而且从不同的角度出发作了阐述，但其中有许多内涵却是相同的。如行动研究是解决实际问题的方法，行动研究是将研究人员与实践者结合起来的方法等等。我们认为，行动研究是由与问题有关的所有人员共同参与研究和实践，对问题情景进行全程干预，并在此实践活动中找到有关理论依据及解决问题的研究方法。

二、行动研究的特点

行动研究倡导教师和专业研究者一起来研究，强调以共同研究的方式，分析实际发生的问题，并通过行动寻求解决问题的具体办法。在这一过程中，教师成为研究的参与者和行动的实施者。行动研究有如下三个特点：

一是为行动而研究。行动研究的根本旨意不是为了理论上的创新，而是解决实践工作者遇到的问题。研究目的具有实用性，即为了实践本身的改进，提高行为的效率。

二是对行动的研究。行动研究是围绕教育实践中的实际问题而开展的研究形式，追求的是行动的实践意义，也是实际工作者学会反省、探究问题与解决问题的过程。没有实践的行动研究是不存在的，也是毫无意义的。

三是在行动中研究。行动研究的环境就是教师工作于其中的实际环境，从事研究的人员就是将要应用研究结果的人，研究结果的应用者也就是研究结果的产出者。行动研究的主体是实际工作者，而不是外来的专家学者。专家学者参与研究的作用是提供意见与咨询，是协作者，而不是研究的主体。

三、幼儿教师开展行动研究的类型

根据参与者的规模和方式，行动研究可分为以下几种。

一是幼儿教师单独对自己工作中遇到的实际问题进行研究，提出解决的方法，改进自己的工作。这种研究规模小，问题具体，易于实施，但由于力量单薄，研究的深度有限。

二是在幼儿园范围内组织部分教师成立研究小组。可请外来研究者进行指导，也可自行开展研究。这一层次的研究可发挥教师的集体智慧和力量，但在理论的指导上仍较为欠缺。

三是由专家、研究人员、教师和幼儿园的行政领导人员等组成较为成熟的研究队伍进行研究，这种组织可以得到多方支持。这是行动研究的典型层次，也是最高和理想的层次。

不论是何种层次，行动研究的重要意义始终在于：使实施者（幼儿教师）增长应用性知识，产生更为合理的教育观点和态度，从而更加有效地解决日常教育教学中出现的各种问题，提高工作成效。

四、行动研究为什么更加适合幼儿教师

在幼儿园开展行动研究，一方面有助于形成适合幼儿园的园本管理机制；另一方面有助于解决幼儿园大量的实际问题，促进幼儿教师的专业成长，为幼儿教师结合日常工作进行研究指明了方向，提供了理论方法。

（一）行动研究促进了幼儿教师专业发展

幼儿园开展的行动研究是一种园本研究形式，园长和幼儿教师是研究的主体，幼儿园结合本园的实际情况确定研究课题、制定相应的计划并开展研究，可以说行动研究是最适合幼儿教师进行教科研的方法之一。这与行动研究的下述特性有关：

1. 行动研究承认每一位参与研究人员的作用。研究过程透明化，使幼儿教师也能决定研究的主题和过程，可充分发挥幼儿教师实践知识的作用。加之行动研究更强调质的研究方法，如运用访谈、观察、实物分析等方法，在自然情境下获得原始研究资料，充分发挥幼儿教师身处教学一线的优势。

2. 行动研究具有自然性、持续性和循环性等特点。行动研究在解决一些问题的同时，也发现了新的问题，在这样一个不断解决问题的过程中，促进幼儿教师的专业发展。这种研究有助于幼儿教师对自己的具体行动进行认真的反思，记录自己的真实观察和想法，逐步改进行动。

（二）幼儿教师使用行动研究法开展教科研的优势

与其他科研方法比较，幼儿教师使用行动研究法开展教科研具有如下一些独特的优势：[1]

1. 目标明确易操作。行动研究的基础是教育教学中的实践经验，是教育教学过程中出现的亟待解决的现实问题。所以它一开始就有一个明确的研究目标，知道我们应该做什么，应该达到什么样的研究目标。研究的每一步进展都和教学实践工作紧密相连，不存在脱离实际、纸上谈兵的问题，进行的观察和对行动的记录都是在此基础上展开的，所以能够进行有目的、有计划的行动干预。

2. 能解决实际问题。能解决教育教学过程中的实际问题，是行动研究的基本导向。行动研究法一般是运用在中小规模的教育教学研究与改革中，考察的是某个具体的教育结构，要解决的都是与教育有关的迫切问题。研究的整个过程是在这一特定的环境下展开的。通过对行动的诊断和干预，有的放矢，对症下药，解决的都是具有可操作性的、应用型的实际问题。比如《××幼儿园新形势下开展幼儿英语教育的模式探索》，就是一个目标非常明确的实际问题。我们可以根据该园幼儿英语教育开展的既有现状，在某一新的教育模式的指引下，从教育理念、具体教育措施、配套的环境、科研等方面，分成好几个小目标来逐层展开研究。

3. 能促进参与者的进步。行动研究脱离不了教育行为和特定的教育环境，它是由幼教科研人员和教学实践工作者共同合作完成的。一个课题的研究小组，往往是研究人员、教师、行政人员、幼儿甚至幼儿家长来共同参与。在研究过程中，他们通过积极的互动和有效的交流，可以达到取长补短、相互促进、共同发展的效果。

4. 形式灵活易修正。由于有一套良好的多重反馈的机制，行动研究法允许在研究的过程中，根据实际情况对研究方案做一定的修改和补充，不过分

---

[1] 戴双翔. 如何使用幼教科研方法（下）. 教育导刊（幼儿教育），2004（5）.

死板地强调研究过程的严格性和计划的严密性。根据再诊断，可以适当地增加或者删除某一环节的小目标，因而形式十分灵活。其终极目的只有一个，那就是达成实际问题的有效解决。这一点是其他科研方法无法比拟的。

第二节 幼儿教师怎样进行行动研究

幼儿教师要进行行动研究，需建立相应的认识，遵循一定的程序，掌握有效工具，构建相应的机制。这样，才能保证行动研究的实效。

一般而言，幼儿教师以教育教学中的问题作为行动研究的起点。行动研究的一般操作过程是：计划、实施行动、观察、反思与评价。

一、计划

计划始于解决问题的需要和设想，设想又是行动研究者对问题的认识及他们掌握的有助于解决问题的知识、理论、方法、技术和各种条件的综合。计划还需以大量的"勘察"，即发现事实和调查研究为前提。确定选题是首要的工作，之后就是拟订研究计划，即行动方案。方案包括总体设想和每一个具体研究行动步骤的设想。方案必须有充分的灵活性、开放性，计划是暂时的，是允许修改的。具体而言，研究计划包括以下几个方面的内容与要求。

（一）发现问题，确立课题

发现问题是研究的起始环节。我们强调教师解决自己的问题、真实的问题和实际的问题。教师从问题诊断入手：第一，现状如何？为什么会如此？第二，存在哪些问题？从什么意义上讲有问题？第三，关键问题是什么？它的解决受到了哪些因素的制约？第四，众多制约因素中哪些虽然重要，但一时改变不了？哪些虽然可以改变，但不重要？哪些是重要的，而且可以创造条件改变的？第五，创造怎样的条件，采用哪些方法才能有所改进？需要指出的是，这个要解决的问题应是教师自己发现的、值得研究的问题。

（二）选择研究方法与策略

实现研究目标或目的的方式方法、策略、手段有哪些？需要创造哪些新的条件开展行动研究？有哪些理论可以为本项研究提供依据？国内外同行在同类问题的解决过程中有哪些好的方法可以借鉴？采用哪些途径和方法收集反映研究过程和效果的资料和数据？如何对行动研究的过程和效果进行检测和评估？怎样对研究活动进行监控和检查？

（三）查阅文献：现状分析、文献综述

通过查阅文献，了解前人的研究经验和研究成果，是行动研究中不可或缺的一个环节。在确定研究问题和目的之后，应深入探讨有关文献，以便了解对这一问题研究的现状，从他人的研究中获得方法和理论方面的启示，用来指导行动研究。在现状研究的基础上，对相关的文献进行综述，分析已有的研究主要做了哪些工作，主要观点是什么，有哪些成功的经验，哪些问题尚未研究，为自己未来制定方案提供前期的基础。

（四）确定研究的形式

采取何种形式开展研究——个体研究，还是和同事组成研究小组，或者邀请专家与自己开展合作研究？行动的进度及时间的安排如何？最起码应安排好第一步、第二步行动研究内容。如果是与同事或专家合作进行研究，在计划中要拟订合作的规则、行动如何协调等事项。

二、行动

行动是对计划的落实和检验过程。这时的行动是在计划中选择和确定的，是有计划、有目标、有系统（持续进行的系列行动）、有监控（自我监控和他人监控，以防止研究的随意性）的行动。换言之，这时的行动已经是研究进程的一部分，是有研究的行动和在行动中研究。同时，它又是幼儿教师教育教学行动的一部分，是实践改进与反思中的教育教学行动。在行动过程中，幼儿教师既是行动者又是研究者，作为行动者，幼儿教师要将自己拟订的行动计划付诸实施；作为研究者，幼儿教师要时刻监控行动的进展，观察新的行动产生的效果和影响，同时还要不断收集反映研究过程和效果的资料，进

一步反思研究过程中产生的新问题。

幼儿教师在幼儿园开展的教育行动研究中的行动是在实际工作环境中进行的，许多因素不可能事先确定和预测，更不可能全部控制，在行动的过程中，幼儿教师也可能形成新的认识、新的想法，在这种情况下，就可能根据实际情况的变化和各方面参与者的监督观察和评价建议，对问题和计划进行修订，及时反馈、多方反思、不断调整。这就需要幼儿教师重视教育教学实际情况的变化，随着对行动及背景认识的逐步加深，及各方面参与者的监督、观察、评价和建议，不断调整行动。

三、观察

在行动研究中，观察既可以是幼儿教师借助于各种有效手段对本人行动的记录观察，也可以是其他人的观察，而且多视角的观察更有利于全面而深刻地认识行动的过程。观察主要指对幼儿教师行动全过程、结果、背景以及行动者特点的观察。由于幼儿教育活动受到实际环境中多种因素的影响和制约，而且许多因素又不可能事先确定和预测，更不可能全部控制，因此，幼儿教师开展的有计划的观察在行动研究中的地位就十分重要了。

在行动研究中，观察是反思、修正计划、确定下一步行动的前提条件。为了使观察系统、全面和客观，提高行动研究的质量，幼儿教师需要在观察过程中灵活运用各种已知的观察技术，保证观察的科学性、客观性。

四、反思与评价

将反思放在四个环节的最后一步，并不意味着反思只是在幼儿教师的行动研究的后期进行。实际上，反思是推动行动研究不断深化的重要机制，它伴随着行动研究的全过程。在行动研究后期的反思工作主要包括以下内容。

1. 归纳、整理和描述工作。对研究资料进行整理、分析、解释、推论，并对研究进行反思，为新一轮的深入研究做准备。这部分工作主要是幼儿教师对已经观察和感受到的与制订计划和实施计划有关的活动与各种现象进行归纳、分类整理,对行动研究的过程进行系统描述,获得的数据及时进行分析,必要时可用统计方法对数据进行整理和解释。

2. 评价与解释。即对行动的过程和结果做出判断,对有关现象和原因做出分析解释,找出计划和结果的不一致性,从而决定基本设想、总体计划和下一步行动计划是否需要修正,应作哪些修正。

由于幼儿教育实践问题的复杂性,幼儿教师开展的教育行动研究对问题的解决常常不是直线推进和一次完成的,而是一个从计划、行动、观察、反思,到新一轮计划、行动、观察、反思,直至问题解决的螺旋式发展的过程。这个过程,使行动研究区别于幼儿教师在日常工作中基于零碎或偶然思考的随意的问题解决,也不同于一般的经验总结活动或简单的、零散的、短期的"反思性教学"行为。行动研究是对行动中的问题进行系统而持续的探究直至问题解决的活动,是一种有效的专业化的创造性工作方式。

幼儿教师具体开展行动研究的过程可参见以下案例。

[案例]

解决大多数儿童歌唱走音问题的行动研究[①]

1. 问题

某教师在新学期接受了一个由其他教师执教的中班后,发现该班大多数儿童在唱歌时严重走音,其中在唱某三首歌曲时走音的情况特别严重。

2. 第一次诊断

经与年级教育小组其他教师共同讨论,推断其原因可能是,在小班阶段该班教师教歌曲的进度太快,致使儿童没有能够真正掌握。

3. 提出解决方案

经共同讨论后提出:该班暂时不教新歌,而将这三首歌曲全部重新教唱,并且在教唱时特别使用分句教唱、反复听、反复模唱的方法,以避免唱错音和唱走音。

---

① 许卓娅. 学前儿童音乐教育. 北京:人民教育出版社,1996:393-395.

4. 施行方案

该班教师按计划认真地重新教唱三首歌曲。

5. 评价问题的解决情况

在施行过程中，教师注意观察并记录每次教唱的效果。发现儿童对反复学唱过的歌曲没有兴趣，学唱活动过程中注意力不集中，情绪消沉、烦躁。在反复倾听、模唱个别句子或个别音的时候，儿童可以暂时达到不走音的要求，但是一旦将全曲连贯起来唱，往往又会按照习惯的方式唱错音或唱走音。有时即使在反复训练后，当时可以做到连贯歌唱也不走音，但当隔了一段时间后再唱这首歌时，又会回复到原先的走音状况。经一再反复训练后，仍旧不能改善这三首歌曲的走音状况。

6. 第二次诊断

年级教育小组再次讨论，推断其原因可能是，儿童对这几首歌曲已形成了错误的定势，很难予以纠正，所以不能再唱。

7. 再次提出解决方案

经共同讨论决定，该班放弃对这三首歌曲的反复训练，改教其他新歌曲。

8. 施行方案

该班教师按新方案教唱新歌曲，并请幼儿园比较有经验的教师到场旁听。

9. 评价问题解决情况

在施行过程中，发现儿童仍旧容易唱错音和唱走音。同时，执教教师和旁听教师都发现，该班儿童学习歌唱的方法有问题。这些问题表现在：该班儿童没有倾听范唱的习惯，教师（或录音）磁带一唱，儿童马上就跟着一起唱；没有倾听监测自己歌唱声音的习惯，一开口就用很大的声音唱，而不注意自己的歌声与范唱的歌声、伴奏的琴声是否一致。

10. 第三次诊断

经共同讨论推断，该班儿童不会倾听，总是在尚未形成正确、清晰的声音表象之前就开口唱，这是造成容易唱错音唱走音的重要原因。该班儿童不会用适中的音量歌唱，不会监听自己的歌声，总是只顾唱不顾听，没有反馈调节的过程，这是造成唱错音唱走音的情况难以避免和纠正的重要原因。

11. 再次提出解决方案

经共同研究后决定，以培养该班儿童良好的学习歌唱的习惯入手，坚持要求儿童先听、反复听，听熟了再开口唱；坚持要求儿童用适中的音量歌唱，并且反复提醒儿童边唱边注意倾听教师的范唱、伴奏和其他儿童的歌声，力求和大家的声音协调一致。

12. 实行方案

该班教师认真实行新方案，并请幼儿园比较有经验的教师经常到场旁听，指出教师指导中没有注意的问题。

13. 评价问题解决的情况

经过一段时间，该班教师和旁听教师一致同意，问题已基本得到解决。

14. 总结

该班教师与有关人员一起总结研究工作的全过程，撰写研究小结，并将研究结论向有关人员报告。

【阅读推荐】

1. 郑金洲等. 行动研究指导. 上海：华东师范大学出版社，2005.

本书是从一线教师的角度撰写的行动研究著作，其突出特点是叙述与案例相结合，理论与实践相统一，突出操作性与程序性，注重从教师面临的实际疑难出发。内容主要包括行动研究概说、行动研究的实施、行动研究的成果表达与评定等。它不只是从一般的意义上论述行动研究是什么，而且更着眼于分析教师应该做什么样的行动研究，以及如何从自己的实际工作出发做行动研究。

2. 杨宏伟. 幼儿教师怎样进行行动研究. 学前教育研究，2004（6）.

作者在这篇文章中从行动研究的概念、特点与层次角度介绍了什么是行动研究，并从建立认识、掌握有效工具、明确实施过程、建构机制等方面阐述了幼儿教师该如何开展行动研究。

3. 李灵. 行动研究在学前教育中的应用概述. 教育科学，2002（2）.

作者在这篇文章中阐述了三个问题：一是学前教育行动研究的涵义与特征，二是学前教育行动研究实施的原则与步骤，三是行动研究在学前教育中的应用举例。

【思考与探索】

1. 对比幼儿园教科研中行动研究与案例研究二者研究过程的异同。

2. 结合自己幼儿园开展的教科研活动，谈谈你们在教科研活动中是如何应用行动研究的方法开展研究的。

第八章　如何开展幼儿园园本教研活动

【内容提要】本章主要阐述幼儿园园本教研活动的开展问题，分析了园本教研的内涵和特点、园本教研中存在的问题及应对策略；从园本教研的基本环节、基本模式等方面阐述了幼儿园如何开展园本教研活动。

【问题导引】通过本章学习，能深入思考和解答以下的问题：一是当前幼儿园园本教研中存在哪些问题，导致这些问题的根源是什么？应当如何来解决？二是幼儿园园本教研一般包括哪些基本环节？每个环节具体有哪些方面的内容？

幼儿园园本教研是在国际教育改革的大背景下和我国基础教育新课程改革的潮流中应运而生的，一方面是受到国际教育改革中的"教师成为研究者"理念的影响，另一方面是受到我国基础教育改革政策的影响。

教育部王湛副部长在部署2000年课程改革工作中强调指出："建立以校为本的教研制度，是促进教师专业发展的必然要求，将有利于创设教师之间互相关心、互相帮助、互相切磋、互相交流的学校文化，使学校不仅成为学生成长的场所，同时也成为教师成就事业，不断学习和提高的学习型组织。"2004年，教育部在全国中小学探索和实施以校为本的教研制度研究，确定了首批80个左右的实验区开展相关的研究工作，并取得了丰硕的成果。园本教研就是在校本教研的基础上自发地相继开展起来的。

园本教研的兴起也与我国2001年颁发的《幼儿园教育指导纲要（试行）》（以下简称《纲要》）有直接关系。为了贯彻《纲要》精神，全国范围内开展了学习《纲要》的培训会，朱慕菊副司长在《纲要》培训班上的讲话中曾指出："我们要建立以园为本，自下而上的教研工作模式。"这进一步指明了幼儿园要贯彻《纲要》的"创造高质量的幼儿教育，促进幼儿的健康成长的目标"，必须依托幼儿园高质量的教师队伍和科学的保教工作，而这就要求幼儿园通过有效的教研活动，尝试着从本园的实际、从教师的实际出发，探索幼儿园的园本培训，以期促进本园教师的专业成长。

2006年3月，教育部基础教育课程教材发展中心受教育部基础教育司委托下发了《关于开展"以园为本教研制度建设"项目的函》，该项目旨在用五年左右的时间，建立和完善以园为本教研制度，提高幼儿教育质量，在全国建立一批起示范作用的基地和幼儿园，探索出一个能保证园本教研方向正确、持续有效地开展下去的长效机制。这直接促成了全国范围内的园本教研的热潮。

虽然全国范围内都开展了园本教研，但是园本教研到底研究什么？怎样进行园本教研？这是很多幼儿教师都感到困惑的问题。基于此，本章主要围绕"什么是园本教研"、"园本教研追求的是什么"、"如何有效地开展园本教研"、"如何有效地指导园本教研"四个基本问题展开。

第一节　什么是幼儿园园本教研

一、园本教研的内涵

随着园本教研研究的深入，目前对什么是园本教研有着各类表述。具体如下：

园本教研是指让幼儿园教师做"教学研究"，即要求教师对自己或他人的教学进行研究。[①]

园本教研是以幼儿园为游戏、教学的基地，以解决幼儿园在改革中面临的具体问题为对象，以幼儿教师为研究主体，以促进幼儿健康、活泼、充分发展，促进教师专业成长为目的的研究活动。[②]

园本教研是以幼儿园为研究基地，以办园质量的全面提高为目标，以解决幼儿园实际问题为起点，选择切实可行的研究方法进行的教育科研实践活动。[③]

园本教研就是以《纲要》为导向，以幼儿园为研究基地，以一线教师为研究主体，以教师在教育教学实践中所遇到的真实问题为研究对象的研究活动。[④]

上述众多的园本教研的概念虽然表述的角度不同，但是其核心的价值取向大致是：园本教研的基础是幼儿园的教育教学实践，主体是幼儿园教师，其目的是幼儿教师遭遇的日常教育教学活动中各类问题的解决。显然，这是一种以教师为主体的着重问题解决的行动研究。

[①] 朱家雄、王峥. 提倡以幼儿园为本位的教学研究［J］. 学前教育研究，2005（3）.
[②] 赵志毅. 大力提倡幼儿教师自己的教育科研——兼谈"园本研究"的内容特征与操作机制［J］. 学前教育研究，2005（7-8）.
[③] 陈伙平. 论园本教育研究的基本原则［J］. 学前教育研究，2005（7-8）.
[④] 刘占兰. 园本教研的基本特征［J］. 学前教育，2005（5）.

我们认为园本教研是以幼儿园发展的实际需要和幼儿教师教育教学中存在的突出问题为对象，以幼儿教师作为研究主体，通过一定的途径和方式取得研究成果，并将研究成果直接应用到幼儿园发展和促进师幼共同发展的研究活动。

二、园本教研的特点

园本教研有别于幼儿教育专业人员进行的定性或者是定量的专业研究，同时也不完全等同于幼儿教师日常的临时性、个别性的教研。园本教研具有以下特点。

（一）园本性

园本性是指园本教研以现实生活中具体的幼儿园作为教学研究的基地。园本教研是"在本园中，基于本园，为了本园"的教育教学研究活动。这一点反映了园本教研的三个要素：研究对象是本园发展过程中的突出问题，研究主体是本园教师，研究目的是促进本园发展。可见，园本教研的根本目的在于使幼儿园获得不断自我发展与提高的能力，提高教育教学质量，有效地促进幼儿和教师的共同发展。

园本教研不是上级教育行政部门或教研机构强加给幼儿园的任务、命令，它是幼儿园分内的事，是幼儿园为适应社会和自身发展需要，有目的、有计划、有针对性地主动探索和研究的活动。

例如，某幼儿园在实施区域活动之初，教师对区域活动的目标制定、内容选择、教学组织以及评价反馈等方面都有一些困惑。在一次教研活动中，中班一位教师抛出"区域活动组织中的互相干扰"问题，引起了大家的积极思索和讨论。有的老师建议可以将走廊、活动室及寝室充分利用起来，相隔较大的空间可以减少互相的干扰。有的老师认为这种做法只是消极应对，并没有从根本上改善干扰的现状。有的老师说区域活动就是要培养幼儿专注能力，不赞成将活动空间过于扩大。有的老师提出可以建立区域活动规则来减少干扰，这些规则的制定应该是教师与幼儿共同制定的。有的从区域活动、教师的角度出发来思考这个问题。以下是他们在教学园长 S 组织下进行教研活动的实录片段：

教师 A：在区域教学时，进行副活动的幼儿还是很关注教师的主活动，往往在一旁观看，如何让副活动区的幼儿专注于自己的活动区域？

教师 B：可以利用走廊，分开教学。

教师 C：我们班组织教学活动时有时也按内容的需要，分一组到寝室，利用寝室的空地来组织活动。

S 园长：我觉得这个问题还是要归结到培养幼儿的任务意识上，使幼儿明白他需要完成一个任务后再去完成另一个任务。同时，不同区域的孩子互不影响，其本身也是培养孩子的专注能力。

教师 D：我认为在区域教学中可以用制定规则的形式来减少这种干扰现象。就是说和幼儿一起制定一些规则，让幼儿共同遵守这些规则。

教师 E：在设计区域课程时，要综合考虑各区域的内容，投放丰富的材料使孩子们对每一个区域的活动都充满兴趣。他有兴趣了，自然就专注了。

S 园长：我们老师还必须从教学组织上来考虑。区域活动中教师面对的幼儿很少，我们提倡"轻声教育"，可能对其他区域孩子的活动干扰会少一些。

通过园本教研，教师教学过程中遇到的实践问题"浮出水面"。这些问题与教师的教学实践紧密相关，因此教师参与、投入教研的热情被充分调动起来。选择与教师教学相关的问题，一方面能有的放矢，避免园本教研脱离教师教学实践的尴尬，另一方面，教师在教学中遇到的真实问题得到重视，更激发起他们参与教研的积极性和主动性。[1]

（二）幼儿教师为研究主体

幼儿教师的研究主体性是指在园本教研中，幼儿教师是研究的主体。他们既是学习者又是研究者，同时也是直接受益者。研究过程中奉行人人参与的原则，教学研究不再是幼儿园少数骨干教师的事，而是幼儿园所有教师的

---

[1] 赖映红. 幼儿园园本教研的特点及存在的问题研究. 东北师范大学硕士研究生论文，2007：14-15.

事。幼儿教师个体与集体以研究的态度来对待自己的教育教学实践，采取解决问题式的行动研究方法，自觉主动地致力于探究和解决自身教育教学实际中的问题，从而达到改进教学实践和提高教学质量的目的。

研究中的幼儿教师既是科学的实施者，又是成果分享者，把教学研究与教师的日常教学实践融为一体，使之成为幼儿教师一种职业生活方式。在这个过程中，教师解决实际教育教学问题的能力不断提高，实践智慧不断增长，专业成长不断得以实现。教师的主体地位表现在教师参与园本教研的整个过程并创造性解决教学实践问题，全体教师都是园本教研的参与者、行动者。在园本教研中幼儿教师的研究主体地位并不排斥专家和学者的参与，只不过专家和学者是一种合作伙伴，其角色是提供意见与咨询，提供指导，而不是研究的主体。

（三）实践指向性

园本教研是一种自下而上的"扎根"式的研究，是为了改进教学实践，是为了解决幼儿教师在教学实践中面临的实际问题，进而更好地服务幼儿园发展与促进幼儿教师和幼儿的发展。

1. 园本教研积极关注幼儿教师的教育教学实践与专业成长。幼儿教师通过参与园本教研来更新自身教育观念，通过集体备课、教学观摩与专家引领等途径有效地提升自己解决教学实践问题的能力。园本教研为幼儿教师提供了一个交流的平台，不仅使教学中的问题得到了解决，教师教学水平也通过自我反思、同伴互助及专家引领得以提高，教师的研究意识、研究能力也得到增强。

2. 园本教研关注教师"教"的同时更关注幼儿的"学"。园本教研必须把幼儿放在首位，以尊重和促进幼儿发展为根本原则。幼儿园的一切工作都必须以幼儿为中心来展开，离开了幼儿的发展，幼儿园将失去存在的意义。园本教研引导教师更深入地研究幼儿，如在对生活世界与知识世界的探究过程中，幼儿怎样获得体验？怎样产生思想？怎样进行探究？怎样形成自己的概念、行为习惯、生活态度？每个幼儿以怎样的过程在形成自我？对这些问题的关注与研究能够有效地提升幼儿的学习质量，更好地促进幼儿的发展。

园本教研如果没有关涉幼儿的切身利益，那么教研工作的有效性将大打折扣。园本教研活动中教师要理解幼儿行为的意义、经验的意义。当教研活动未遵循甚至违反幼儿成长规律时，园本教研就是无效甚至负效的。如果园本教研过程中我们总是把教材、知识教学看得很重，实际上是轻视幼儿的经验，不认同幼儿经验的意义的一种表现。这说明我们的观念还没有真正转变过来。有的教师看见幼儿的有些行为不去研究、解读，有的即使解读了也是误解幼儿，这就说明教师缺乏理解幼儿行为的意识与能力。

李季湄教授在《园本教研发展之我见》提到一个案例[①]：一次美术活动中，教师让幼儿画灾后重建的房子，希望幼儿能画出山上山下各种各样的房子。教师出示了范例，结果有几个孩子的画是在一条线上画一排房子。在课后研讨活动中，有教师认为是执教教师出示的范例使这几个孩子只在一条线上画房子，建议教学中改变一下示范画。这就提出了一个问题：我们怎么判断幼儿这些绘画表现的原因是其受到示范画影响，还是其发展阶段的问题？教师能否举例说出这些幼儿在绘画上处于什么发展阶段，幼儿的空间知觉发展到什么水平，否则无法断定幼儿出现这样的画法是示范画导致的。在幼儿绘画能力的发展中，基准线的出现是一个发展阶段的标志。既然属于发展阶段的问题，那无论示范画怎么修改，也是不大可能让幼儿改变其画面的。所以我们只有深入了解幼儿，才能真正提高教学的质量。

第二节　园本教研中存在的问题及应对策略

园本教研目前在幼儿园中已经相当普遍，在实践领域得到了极大的发展。但是作为一种新的事物，园本教研在发展过程中存在一些问题和误区，这些问题和误区需要引起我们的重视与关注。对实践过程中园本教研存在的问题

---

① 李季湄. 园本教研发展之我见. 幼儿教育，2011 (Z1).

进行研究，可以使我们进一步明确园本教研的方向，理清园本教研的发展思路，同时引领园本教研走上持续发展的道路。

一、园本教研中存在的问题

从当前幼儿园园本教研的开展状况来看，园本教研中主要存在以下三个方面的问题，对园本教研的目的和价值认识存在偏差、园本教研中幼儿教师的主体地位难以体现、园本教研组织方面缺乏相应的制度支持与保障。

（一）对园本教研的目的和价值认识存在偏差

制约当前幼儿园园本教研得以有效开展的一个重要因素是，幼儿教师和管理者未在观念上真正重视园本教研的意义和价值。这在实践中具体表现为：部分幼儿园和教师对园本教研的意义、基本理念及操作方法等认识不到位、不深刻。

1. 幼儿园管理者对园本教研的目的认识不到位。一些幼儿园管理者习惯将安排日常工作的园务会当作园本教研；管理者不组织教师开展丰富有效的教学研究活动，不注重教师的专业学习，热心于创建"园本教研基地"、"园本教研示范园"等，把园本教研视为"打造幼儿园品牌"、"提升幼儿园社会声誉"的方式，而不是真正把园本教研当作提升教学质量、提高教师素质的重要途径。有些幼儿园在开展园本教研时，往往是制定相应的教研计划，然后将这些计划布置给教研组长，教研组长再给教师布置任务。一个学期下来，评价教研工作的标准就是教研组开了多少节课、教研组完成了多少篇听课笔记、有多少研究论文等等。由于这种园本教研依靠的只是行政指令，它早已偏离了园本教研的目的和意义。

2. 园本教研选题与幼儿教师的日常教育教学分离。园本教研以解决教育教学中的实际问题为出发点和归宿，以教研促进教学的发展已经成为大多数幼儿园的共识。然而，在现实中，很多幼儿园出现了教研与教学实践相脱节的问题。主要表现为轻视对实践过程中存在的问题的反思和剖析，忽视最基本的、最需要解决的问题，却热衷于一些理论性强、涉及面广的课题，这种教研的价值取向不切合实际，往往导致园本教研与幼儿教师的教学两张皮现象。

(二) 园本教研中幼儿教师的主体地位难以体现

园本教研是以教师为中心的教学研究模式，教师在园本教研中处于中心的位置。然而，在实际工作中，由于受到现有管理关系的影响，一些幼儿园园本教研采取自上而下的管理模式，教师处于被动的局面，教师在园本教研中"等、靠、要"的思想还普遍存在，在教研活动中过分依靠教研管理者、骨干教师的作用，而忽略了自身的主体作用。

1. 当前的园本教研中在一定程度上存在"一言堂"和"形式主义"的问题，具体表现为：（1）园本教研内容的选择、教研目的的确定以及教研形式的设计都是基于管理者的"委派"而不是来自于教师自身的问题。就管理者而言，他们倾向于从自身对幼儿园教学的理解来界定、选择园本教研的问题和主题，采取直接管理和控制的方式组织园本教研活动，忽略了幼儿教师在园本教研中的主体性。（2）教研主体的错位。许多幼儿园在确定了研究课题之后，将目光投向了校外尤其是高校的一些专家身上，幼儿园教师则成了辅助、配合的角色。在有些幼儿园，园本教研虽然没有异化为高校专家的研究，但也依然没有成为全体教师共同参与的活动。表现为园本教研成为管教学的副园长和个别骨干教师的专利，其他广大教师游离于园本教研之外。园长、业务园长、教研组长等管理者在园本教研中始终是决策者、规划者和主导者，他们制定学年、学期教研工作计划，设计、主持每一次教研活动，梳理归纳教师们的教育经验。管理者主导的教研活动，使教研活动脱离了教师的现有水平和实际需要，最终也就不能解决他们切实想要解决的实践问题。

2. 有的研究者认为，由于幼儿教师的工作已经太过忙碌和繁重，让人喘不过气来，因此，幼儿教师开展园本教研活动的最大困难主要集中于"工作负担重"和"自身学习提高的压力大"而造成的"无暇研究"。园本教研经常要占用教师的休息时间，园本教研的资料收集和园本教研的氛围都对教师产生了较大的压力。部分教师希望有关主管部门和科研单位能提供现成的园本教研资料，在教研的内容和形式上能提供一定的参考，希望得到明确而具体的指导。而资料、信息等基础条件的匮乏，研究选题、科研方法等专业指导方面的缺位，是幼儿教师开展有效教研活动的瓶颈性问题。

（三）园本教研组织方面缺乏相应的制度支持与保障

目前幼儿园园本教研普遍缺乏制度性保障，主要表现在园本教研普遍缺乏相应的激励机制。制度性保障的缺乏，造成教师主动参与的积极性不高，自我反思、自我批判的力度不够。幼儿教师在参与园本教研时存在观望、等待的现象，倾向于被动地等待管理者给予相应的指示。幼儿教师往往将园本教研活动看作一种例行的"公事"，而不是关系到自身发展的"大事"，在园本教研活动中"参而不与"，如心不在焉，研讨中不发言，被点名时应付了事："我还没想好"，"大家说得都挺好的，我同意大家的意见"。

二、园本教研中存在问题的应对策略

为了解决幼儿园园本教研中存在的上述问题，更好地促进幼儿园、教师、幼儿的共同发展，我们需要针对这些问题提出相应的解决策略。

（一）重新认识幼儿园园本教研的目的和价值

幼儿园园本教研是立足幼儿园教学实践，以幼儿教师为主体的着重问题解决的行动研究。具体来说，园本教研的基础是幼儿园的教育教学实践，主体是幼儿园教师，其目的是解决幼儿教师遭遇的日常教育教学活动中各类问题，解决幼儿园发展中面临的重大问题，通过对问题的解决促进幼儿园的发展，促进幼儿教师专业成长和幼儿的和谐发展。

因此，作为园本教研的主体是包括园领导在内的幼儿园全体教师，要认识到园本教研的目的是在共同的研讨和问题解决过程中，通过同伴之间的交流与碰撞、对话与共建，提高幼儿园保教工作质量，提高教师专业素质。为了达成这一目的，需要在开展园本教研的过程中找出幼儿园普遍存在的问题，和幼儿教师教育教学中面临的亟待解决的问题，有针对性地进行研究。

（二）确立幼儿教师的园本教研主体地位

园本教研的目的就是要让教师成为自身实践的研究者,成为研究的主体。因此,园本教研应倡导每一位幼儿教师发出自己的声音,在广开言路的思想与观点的碰撞中,在主动的研究与探索、实践与创造中获取共同的价值观,并能在共同的目标下,自觉地投身到研究和教育改革中来。幼儿教师之所以在园本教研中难以发挥其主体地位,主要是与幼儿教师自身素质和幼儿园的管理模式有关。针对这种状况,为了确立幼儿教师的教研主体地位,可以从以下方面着手。

1. 提高幼儿教师的园本教研能力

幼儿教师是园本教研中的核心力量,其研究能力的高低直接影响着园本教研的有效性,尤其是幼儿教师的问题意识、反思能力、教研态度及研究方法等能力。幼儿教师缺乏相应的研究能力导致了他们不能从自己的日常教育实践中提出有价值的研究课题,即使在接受园所教研管理者安排的研究课题后,也很难将研究内容与自己的已有经验、日常教学建立有机的联系。因此,应提高幼儿教师的教研能力。

(1) 加强对教师理论学习的重视。在繁忙、琐碎的工作之余,应鼓励教师阅读与园本教研和专业相关的理论书籍和期刊。并在每一次教研活动之前,让教师有针对性地收集、阅读、内化相关的理论知识,提高教研的质量,促进教师理论水平的提升。根据园本教研和教师感兴趣的内容,鼓励教师尝试撰写教学案例和论文,不断积累经验。与此同时,要关注每一位教师独特的生活与工作状态,帮助教师认识自己的个性特点与教学境遇,鼓励他们在自身条件下形成自己独特的教研风格。园本教研最终要依靠教师来完成,只有教师从自己的特点与需要出发,按照自己已有理论知识与实践经验去观察问题、分析问题与解决问题,才算得上是真正在做教学研究。

(2) 幼儿园还应搭建良好的学习与沟通平台,为幼儿教师积极地寻求外部帮助,求助于同伴、专家,提供良好的条件。幼儿园应搭建教师互相学习、合作研究的平台,发挥同伴互助的作用,建构研究共同体。同伴互助是园本教研的核心要素,它以教师之间的互动为基础,以相互交流、相互促进为基本形式，是幼儿教师经验交流、相互学习、共同成长的有效途径，能培养教师从教育实践中捕捉问题的敏锐性以及对问题的研究意识，让教师学会从教学实践中提炼问题，学会发现问题、解决问题。正如一位幼儿园园长所说的："我们实施了园本教研活动前承制，即每次活动的主题事先通知每一位教师，明确各自任务，使教师有时间收集相关信息、事先思考和前承学习，在园本教研活动中做到有内容可说，有问题可提，有体会可交流；开展轮流主持，打破以往教研组长'一言堂'的做法，让每位教师尝试做教研的主人，并促进教师的自我反思与自主学习；采用理论研修、案例分析、课题沙龙、经验分享、专家引领、教学观摩等参与式、开放式的学习形式，促使教师主动参与教研，培养教师发现问题、分析问题和解决问题的能力。"[1]

2. 改变管理者的角色与意识

受到传统教研的影响，幼儿园存在着教研管理者、骨干教师权力过大，在教研中处于主导地位的现象，而普通幼儿教师在此其中往往扮演着从属者的角色。要发挥幼儿园教师参与教研的积极性和提高园本教研实效性，必须营造一种平等、愉快的教研氛围，这就需要重塑教研管理者角色，不仅要对教研工作进行常规管理，更要参与到教研实践中，放下"领导"架子，成为研究中的一员，真正了解教师在实际教学中面临的困惑和问题，真正感受园本教研的实际意义。

（1）管理者应成为园本教研的规划者。为了提高教研的实效性与幼儿教师的主体性，管理者要根据幼儿园实际情况制定教研计划。教师是园本教研的主体，管理者要结合教师教育观念以及教学水平和能力等，对不同教师在研究内容和研究方法上区别对待，开展适合教师不同专业发展需要的园本教研。同时要考虑幼儿的发展状况，围绕幼儿的发展进行。任何教研活动的开展在根本上是要促进幼儿的发展，脱离幼儿的教研都是没有意义的研究。

（2）管理者应成为园本教研的引导者。管理者要在全园范围内营造一种

---

[1] 姜瑛俐，彭兵. 向教研要质量，向教研要发展——湖北省六所幼儿园园长关于园本教研的一场对话. 学前教育研究，2008（8）.

教研氛围，要把大家的关注点集中在所要研究的问题上，使得教师敢于参加、乐于参加教研活动。

具体而言，管理者的四个转变具体包括下面的内容：[1]

①变讲授者为倾听者

倾听教师的教育目标和设计思路——了解教师对教育过程的设想及其关注点，了解教师对本班幼儿实际状况的关注程度和研究程度；

倾听教师的自我评价——了解教师的原有认识，判断教师对自身教育观念和教育行为的认识程度；

倾听教师的真实想法和困惑，营造宽松、理解的氛围——给教师表达自我真实想法的机会，通过了解教师的困惑发现教师的内在需要，寻找阻碍教师发展的关键点。

②变检查者为挖掘者

挖掘教师的原有经验——了解和分析教师的原有经验，并有效利用这些经验，作为教师主动研究、不断提高的基础；

共同挖掘教师行为背后的原因——通过接纳式的交流和提问，与教师一起挖掘他们行为背后的原因，引导教师通过反思自己的行为将已有的认识上升到理论层面，提升他们理论联系实际的能力。

引导教师挖掘自身行为中的闪光点——在共同挖掘的基础上，通过呈现幼儿的客观行为和表现，引导教师从幼儿的表现中发现自身行为中的价值，并适时给予肯定，以增强教师的自我价值感、胜任感、自主感，并把它作为教师向自身教育实践学习、实现教育行为创新的基础。

③变评价者为质疑者

在质疑中促进教师学会反思——促使教师在问题的引导下，自己发现问题，并形成思考问题的思路，学会自主、深入地反思；

以质疑引发教师的认知冲突——在充分接纳教师各种观点的基础上，以

---

[1] 沈心燕、顾春晖等. 园本教研的实践与思考——浅谈园本教研中的四组关系（上）. 幼儿教育，2007（6）.

疑促思，在思想观点的碰撞中澄清、调整和建构新的认识；

以质疑减少对教师的主观评价——通过提出连续性的问题，将教师的关注点逐渐引向对幼儿表现及教师自身教育行为之间关系的分析和研究上，引导教师分析自身不同的教育行为对幼儿产生的不同影响，从而帮助教师自觉地在幼儿的表现与教师的教育策略之间建立紧密的联系。

④变要求者为建议者

以建议的方式，为教师营造宽松的心理环境——提建议比提要求更有助于教师接纳，这样让教师感觉到的是别人对自己的尊重，可以减少教师的心理压力，增强他们的自主感，为接下来新的尝试提供了前提。

依据教师的实际需要，提供多种可选择的建议——鼓励教师在实践中尝试、验证、丰富和发展新的认识，获得新的理论观点和实践策略。

以建议的方式，提供专业化的导向——建议虽然是供教师自主选择的，但它们实际上是一种更趋专业化的导向，教师即使不对此做出选择，也会受到一些思考方向和设计思路上的启发。

（三）建立和完善园本教研常规制度

幼儿园要建立园本教研的常规管理制度。在管理工作中，要将教研工作制度化，使幼儿园教科研工作走上常规管理之路。要明确园本教研中各类参与者应当承担的责任和义务，以及园本教研开展所需遵循的一般模式和程序，使得园本教研逐渐成为一种幼儿园的常规活动。为此，幼儿园应建立健全幼儿园园本教研的激励制度，对园本教研的时间、地点、奖励与支持方式，以及教师与管理者应承担的角色和责任作出明确的规定。如有的幼儿园实行课题研究、园本培训、园本教研与日常工作一体化推进的管理模式，提出"教师为教研主体，园长为第一责任人"的管理运行机制，要求日常工作就是研究，教师必须具备研究的态度与反思的眼光；培训的过程就是教研与学习的过程，教师必须持有批判和接纳的观念。同时还制定了相应的制度，如常规备课和个性备课制度、教学实践问题库制度、培训制度、家长参与教研活动制度、家委会制度、读书拓展交流制度、业务学习制度、快乐周末制度、评价激励制度、骨干专业引领制度、教研组长任职制度、教育工作研讨会制度等十几类制度"①。

第三节 如何有效地开展园本教研

从方法论的角度来看，园本教研是一种研究方式，它的内涵是行动研究，而行动研究更强调研究主体的观念、价值、目的，相信教学本身就是一种研究。这种研究是从问题出发，从教师、儿童和幼儿园的需求出发；这种研究并非在教学或管理工作之外另抽出时间来做，而是留心教学或管理中正在出现的问题并进行研究、解决，研究的过程就是解决的过程。其基本环节大体包括提出与聚焦问题、提出解决方案并行动、交流反思几个环节，而这些环节中也隐含着自我反思、同伴互助、专业引领三个核心要素。可见有效的园本教研有三个核心特质：基于教学现场、教师既是研究者也是教学实践者、强调教师自身对教学问题的反思和解释，这就构成了一个园本教研的网络。

一、园本教研的基本环节

园本教研的基本环节包括聚焦与发现问题、寻找研究的切入点，提出问题的解决方案并行动，活动中与活动后的交流反思三个环节。这几个环节在幼儿园园本教研的实践活动中是一种复杂的关系，而非线性的关系，这里为了阐述方便采用分别论述的方式。

（一）提出与聚焦问题

园本教研所针对的问题是幼儿教师自己的问题，是教育教学实践中发生的真实问题。虽然园本教研的问题来源于实践，但并不是实践中的所有问题都可以纳入园本教研的范围。园本教研研究的问题必须是实践中的真问题。只有这样，研究才会有针对性，才会有指导作用，教师才会喜欢研究。

---

① 姜瑛俐，彭兵. 向教研要质量，向教研要发展———湖北省六所幼儿园园长关于园本教研的一场对话. 学前教育研究，2008（8）.

园本教研所针对的问题首先必须具有普遍性，并指向具体而明确的实践，是经过幼儿教师的思考和反思的。有的幼儿园的园本教研以专题研究形式展开，在这种研究过程中，首先会在确立的专题中找到切入口，也就是提出问题；接着，在每一次教研活动后，引领人员会分析教师的表现、出现的问题及其背后隐藏的深层原因，然后抽取有价值的教研方向，制定相应的技术性策略及下一次活动方案。因此，园本教研中提出与聚焦问题的过程就是发现问题和提出初步解决问题设想的过程。

（二）提出解决方案并行动

这个阶段教师通过观察与记录，系统地搜集证据，寻找出有效的解决方案。这个过程中很重要的两点是幼儿教师可以通过共同体之间的对话来寻求最优化的方案，选择适宜的研究方式和工具。

1. 通过对话寻求最优化的问题解决方案。在共同体的对话中要以教学问题为对象，教师彼此之间进行平等、自主的交流，从而使教师实现相关知识的重组和建构。这种对话一般经历三个过程：描述，即对整个教学事件进行真实的描述；澄清，即通过追问等形式，了解叙述者对于事件的解释、假设和相关观念；面质，即质问教师自己的教育观念和理论假设的合理性。值得一提的是，这种对话不仅仅贯穿在这个阶段，而是要贯穿园本教研的各个阶段，最终才能达到对问题的有效界定和解决。

2. 选择适当的研究工具。在这个阶段，幼儿教师要根据自己研究的需要选择适当的研究工具。适合幼儿教师进行研究的方式或手段有很多，如教学档案袋、教师笔记、案例分析、教学叙事、录像、视频等，这些方式都具有一定的反思性特征，能有效地帮助幼儿教师提出解决策略，并且对幼儿教师后来开展的行动具有重要的意义，为教研结束后的反思提供了良好的一手材料。

需要注意的是纪录不是记流水账，也就是不能停留在对信息的机械"记录"上，纪录的真谛在于"强调纪录者描述和解释的责任，希望通过这种详尽的描述和解释来获取更多的关于儿童的信息，尤其是关于儿童内在的心理状态和变动过程的信息"。由于纪录再现了教学实践的过程,这就为幼儿教师在园本教研活动搭建了一个来回于理论和实践之间的平台。纪录能促使幼儿教师认识到他们实际能做什么和他们确实做了什么;反省自己所做的哪些事是有价值的,哪些事是没有价值的;思考怎样才能做得更好。纪录促使幼儿教师动用、显现、检验和反思自己关于理论和实践的理解,让幼儿教师在"做"与"回应"之间建立联系,促使教师整合和丰富自己的经验,从而帮助教师获取处理复杂的、不确定的具体教学情境的知识和能力,真正提高教师的教育、教学能力。[①]

因此,在园本教研这个阶段的实践探索中,幼儿教师不妨把纪录作为行动研究的主要方式或工具,对发生在自己身上或周边的"教学小现象"和"现实真问题"进行选择性的观察和记录,根据观察和记录的结果(可以是文本形式,也可以是录音、录像、照片或儿童作品等形式),对于问题,应通过分析、调查其原因、背景,提出相应的解决办法或策略,制定出一个实施的具体方案,对于现象,则可通过注解、诠释或解读,赋予其教育价值或意义。这一过程就是一个基于行动的反思和探究的过程。

(三)交流反思

交流反思是增强教师的问题意识,进一步挖掘问题背后隐藏的教育理念和困惑,并构建教师实践智慧和知识的主要途径。在园本教研中,交流反思有不同的层次,既有单个幼儿教师的自我反思,也有幼儿教师团体的反思,还有管理者的反思。

自我反思是教师个体以自己的教学实践活动为思考对象,对自己在教育教学中的所作所为以及产生的结果进行审视和分析的过程。这种反思不是一般意义上的回顾,而是反省、思考、探索和解决教育教学过程中存在的问题。为了避免幼儿教师独自反思进而局限为自我对话,影响反思的效果,依靠教师专业团体进行反思性对话就成为有效提升反思效果的一种重要途径。反思

[①] 朱家雄、张婕. 从"记录"走向"纪录"——兼谈为什么要做"纪录". 幼儿教育,2005(4).

性对话强调以教学问题为对象,教师彼此之间进行平等、自主的交流,从而使教师实现相关知识的重组和建构。

幼儿教师的反思包括对教研活动计划的反思和对活动实施的反思。计划的反思就是对制定的教育活动等计划执行前、中、后三个阶段的反思。幼儿教师可以通过每日写活动观察记录的形式反思计划的优缺点以及如何制定新的计划。活动实施的反思就是通过教师研究共同体的分析,让不同的教师就自身在实践中碰到的类似困惑和相关案例进行自由描述和交流,呈现了不同教师对类似问题的真实感受。利用反思性对话和交流所取得的信息,最后幼儿教师结合大家所提建议进行反思修改,提出活动的推进策略。在明确了问题的关键所在,并初步形成问题解决思路的基础上,制定相应的问题解决计划和方案,并积极地付诸实践。但这一阶段的实践应是反思性实践,即研究者要经历"实践——反思——研讨——再反思——再实践"这样不断循环往复的过程。反思性实践一方面可以用来监督研究者自身是否按照既定的计划来实践,另一方面可以帮助教师不断地对实践进行价值性反思,进一步聚焦问题,加深对问题的理解。这种反思交流不但使个体的探究经验共享为全体的经验,大家面临的问题也逐步得以解决,为教师提供了展示研究成果的平台和分享成功体验的广场。

[案例]

调整娃娃家材料,支持幼儿深入游戏[①]

"幼儿园要依据教育目标为幼儿提供充足的玩具与游戏材料",这是《纲要》中的要求,然而教师提供了丰富的材料是不是就能促进幼儿深入游戏,并在游戏中有效学习呢?在日常观察中,我们发现教师比较关注提供哪些游戏材料能让幼儿操作起来,而较少关注幼儿在操作过程中是如何深入游戏的,获得了哪些经验,以及如何支持幼儿深入游戏、主动学习。为此,我们选择了小班幼儿最喜欢的娃娃家作为观察对象,围绕"如何根据幼儿的表现及时

---

① 张立. 调整娃娃家材料,支持幼儿深入游戏. 幼儿教育,2008 (6).

调整材料，支持幼儿深入游戏"这一问题进行研讨。

一、发现问题，寻找研究的切入点

首先，我们要求教师仔细观察小班幼儿在娃娃家中的活动表现。两周后，教师们发现了一些问题。在教研活动中，王老师提出了问题："我们创建的娃娃家很温馨，考虑到幼儿喜欢摆弄，我们投放了各种餐具，可幼儿只在开始几天对这些材料感兴趣，后来不怎么爱玩了。"郭老师也说道："我们班也是。我知道小班幼儿喜欢玩同样的玩具，所以为了满足幼儿的游戏需要，避免幼儿争抢，我准备了许多布娃娃。可等新鲜感消失后，幼儿要么抱着娃娃躺着，要么抱着娃娃发呆，同伴间很少交流。"教师的发现表明：尽管教师根据小班幼儿的年龄特点投放了丰富的材料，但是这些材料没有起到支持幼儿深入游戏、主动学习的作用。因此，我们将"幼儿在娃娃家可以获得什么经验，怎样才能使幼儿真正玩起来并支持他们在游戏过程中进行有意义的学习"确定为研究的切入点。

二、比较幼儿的学习状态，挖掘研究的生长点

每个班级在娃娃家的创设和材料提供上各有特点，幼儿在游戏中也有不同的表现。为了帮助教师发现问题，我们用录像记录了不同班级教师投入的材料以及幼儿在游戏中的表现，然后请教师们一起观看录像并展开讨论。下面是有关"生日蛋糕"的两个录像片断的研讨过程。

录像1

教师投放的材料：用纸浆制作的形象逼真的蔬菜、水果和生日蛋糕等。

幼儿在游戏中的表现：四个幼儿围着讨论蛋糕上漂亮的装饰："这里有花，真好看。""我们吃蛋糕吧。""祝你生日快乐！"幼儿唱起了生日歌。其中一个幼儿始终没有说话，只是为小朋友分发餐盘。幼儿拿到餐盘就手持叉子假装吃起来："真好吃。"幼儿吧唧着嘴说。

主持人：教师提供成品仿真蛋糕的目的是什么？（了解教师投放材料的目的）

师：我们投放的蛋糕是由美工区的幼儿制作的，这不仅能展示幼儿作品，

还能丰富娃娃家的游戏内容。（教师投放材料的主要目的在于丰富幼儿的游戏内容，对展示美工区幼儿的作品，并没有进行更深入的思考）

主持人：幼儿表现如何？（引导教师关注幼儿的游戏状态）

师：幼儿很喜欢，他们在假装吃蛋糕，这样就有了游戏内容。

师：幼儿之间有了交流。

主持人：交流些什么？（引导教师说出幼儿游戏的具体内容）

师：他们分配角色，如给谁过生日等。他们还分蛋糕，唱生日歌，关系很融洽。

师：幼儿的情绪很好，从中可以看出幼儿喜欢这一活动。（由此可见，教师认为幼儿能主动与材料互动，材料能支持幼儿展现原有经验就可以了，但他们并没有关注幼儿究竟在游戏中学到了什么，获得了哪些发展）

主持人：一段时间后，幼儿是否继续在玩？是怎么玩的？（引导教师关注幼儿获得了哪些经验）

师：他们给不同的小朋友庆祝生日，仍然分吃蛋糕。

主持人：幼儿想玩但为什么总是重复原来的玩法呢？（引导教师关注幼儿行为的深层原因）

师：幼儿原有经验少。

通过研讨，我们发现教师对材料投放的目的和如何利用材料引导幼儿发展等不够明确，大多从自身的角度考虑问题，而忽视幼儿的行为表现。我决定暂时不点明问题，而是让他们继续看一段录像，让教师在比较中积极思考，然后给予教师适宜的支架，帮助教师更深刻地意识到存在的问题。

录像2

教师投放的材料：曾投放在美工区的供幼儿装饰用的蛋糕坯子。

幼儿在游戏中的表现：四个幼儿（同"录像1"）看到蛋糕坯子立即取来橡皮泥，有的还找来了胶水和绉纸等，他们自己制作、装饰蛋糕，还唱起了生日歌。

主持人：幼儿这次玩得怎么样？（引导教师具体分析幼儿游戏的内容）

师：他们选择了自己熟悉的方式制作、装饰蛋糕，还互相交流。

师：幼儿对蛋糕坯子非常感兴趣，他们边装饰边唱歌。看来蛋糕坯子同样起到了丰富幼儿活动内容的作用。

师：那个不爱说话的幼儿也加入了活动，还几次拿自己搓的橡皮泥给旁边的小朋友看。

师：幼儿之间的谈话内容丰富多了，如他们讨论如何制作蜡烛，并在使用绉纸制作失败后改用橡皮泥获得了成功。他们还讨论选择哪些颜色的橡皮泥装饰蛋糕。

师：有一个幼儿不会团橡皮泥，试了好几次，最后成功了。他还教别人如何团呢。

主持人：成品蛋糕和蛋糕坯子都能引发幼儿参与活动，但活动中幼儿的表现是有区别的，区别在哪里呢？（引导教师从幼儿的不同表现思考所投放材料的功能）

师：提供成品蛋糕玩具时，幼儿的游戏状态较兴奋；提供蛋糕坯子时，幼儿的游戏状态更专注更投入。

师：提供成品蛋糕玩具时，幼儿只是假装着吃；提供蛋糕坯子时，幼儿有操作活动，同伴间交流的内容也丰富了。

师："录像1"中幼儿在模仿，"录像2"中幼儿在学习，如学习泥工的搓、压、团等技能。

师："录像1"中幼儿与同伴交流较少，而"录像2"中幼儿更能主动与同伴交往，还能向同伴学习。

主持人：幼儿为什么会有这样的变化？这说明了什么？（引导教师分析幼儿不同表现背后的原因）

师：时间一久幼儿对成品蛋糕玩具就没兴趣了，而蛋糕坯子可以有不同的装饰方法，可操作性强，这是幼儿感兴趣的，所以幼儿更加投入、专注。

师（本班教师）：我问过幼儿，老师做的蛋糕漂亮还是你们做的蛋糕漂亮？较内向的那个幼儿说都漂亮。我又问他喜欢哪个，他说喜欢自己做的。

另一个幼儿说自己做的漂亮。我问他："你喜欢蛋糕还是蛋糕坯子？"他说喜欢蛋糕坯子。我问他为什么，他想了想说："因为它可以做（着玩）。"

师：蛋糕坯子的出现为幼儿创设了游戏情景，提供了结合游戏内容操作材料的机会，所以幼儿更主动，而且同伴间可以互相学习。

主持人：大家分析得很好。在幼儿缺乏相应的游戏经验时，教师提供漂亮的成品蛋糕玩具，可以激发幼儿的游戏兴趣，但在幼儿已有一定制作经验时，再提供成品蛋糕玩具就会导致幼儿重复游戏，没有发展。而提供蛋糕坯子既承接了幼儿原有的经验，又能让幼儿动手操作，调动了幼儿学习的主动性，从而帮助幼儿进一步拓展和运用经验。幼儿在游戏中不断遇到困难并想办法解决困难就是最好的证明，这也是在提供成品蛋糕玩具的情形下不可能出现的。

通过比较两段录像，教师发现材料的差异会直接影响幼儿在游戏中的表现。在幼儿有了相应经验后，教师提供可让幼儿充分操作的材料，更能激发幼儿的兴趣，支持幼儿在活动中进行有意义的学习，从而获得发展。最后，教师们一致认为，在投放材料时首先要充分观察和了解幼儿，根据幼儿的不同经验投放适宜的材料，这是最终达到支持幼儿不断深入游戏、主动学习的基本前提与条件。

二、园本教研的模式

关于园本教研模式（也有人称之为园本教研活动方式）的论述多种多样，案例教研、专家引领、课题教研、问题式教研、一课多轮、反思性教学、同伴互助、纪录、观察、一课三研等多种模式为幼儿园广泛采用。但总结起来，园本教研的主要活动方式主要有这样三类：案例分析或研讨，听课—说课—评课，课题研究。[1]

（一）案例分析或研讨

---

[1] 程方生. 幼儿园园本教研实践框架分析. 江西教育科研，2007（4）.

这是一种使用最广泛也比较灵活有效的园本教研活动方式，运用纪录、案例的分析和反思的形式。实质上纪录的过程也就是反思的过程，尤其是通过文字记录，有利于使幼儿教师的教学思路清晰、条理化，并能有效地使幼儿教师内隐的观念外显。案例分析也可在年级组或教研组共同探讨，发挥群体的智慧，同时形成团体的经验和价值认同。

1. 案例分析或研讨的要点

精心选择适当的教学案例，特别是以本校教师撰写的教学案例为载体，组织教师开展参与式、讨论式的案例分析教研活动。案例分析的要点是围绕观察视点，针对案例中的重要细节或片断，可以是活动中的某一环节，幼儿的某一表现，某一问题等等，以观察、文字记录、摄影、录像等形式进行纪录，研讨时幼儿教师再针对这一片断，从幼儿角度、教师角度、环境角度等多角度进行分析，理清问题成因，找出解决问题的方法与途径。运用案例分析，强调教师现看现说，促使教师群体对整个教学活动的全面反思。

2. 案例分析教研活动的实施策略

案例分析教研活动的实施策略有以下几个方面：在日常教育教学和教科研中发现问题，确定研究的主题；在研讨中发挥专业引领、同伴互助的作用，将先进的教育理念转化为教育行为；教师以叙述故事的方法进行教学实录和教育反思，促进教师团队的专业成长。在此过程中有几点是需要注意的：在教研活动中，充分接纳教师的各种观点，并在各种观点的交锋中达成共识；抓住诱因，提出有针对性的问题，使教师随着问题不断思考，逐渐提高认识；让教师在对实践的反思中，不断进行理论的归纳与概括，引导教师将已有的认识上升为理论，从而理解理论的内涵；鼓励教师的实践活动，让教师在实践中验证理论，促进教师的内化过程。

（二）以课例为载体的"听课—说课—评课"教研方式

这是一种比较适合园本教研共同体合作研讨的活动方式，也是使用最多、最普遍的一种园本教研活动方式。这种活动方式的一般程序是：执教老师独立或合作设计教学活动——开展第一次教学活动与听课——执教老师课后说课——集体评课——执教教师修改设计后重新组织教学活动……依此反复。这种以课例为载体的园本教研，立足于教学现场，基于教学实际，具有较强的问题针对性和实践操作性，通过幼儿教师平等参与和多维交流，促使他们在对话中反思，在互助中提升，最后共同成长。

1. 什么是课例研究

课例研究，是由两个以上的幼儿教师组成一个小组，基于对有效教学理念的追求，以真实课堂教学为载体而进行的一种教学行动研究，其基本操作过程包括以下步骤：①备课，确定教育活动内容，目标放在如何使授课促进幼儿学习；②授课，小组的其他老师观察并录像，以便事后分析；③评课和反思，听取其他同事的意见和建议；④修改活动计划，尤其是教师评价后感觉不甚明了的部分，用修改了的教案在另一个班授课，上次听课的幼儿教师继续听课；⑤进一步的评价和反思，全体教师一起参与，分享结果，把授课过程报告给本园教师乃至来自其他地区的教师分享。

课例研究是园本教研得以有效开展的基本方式，课例研究主张立足于对真实课堂教学进行观察、分析和提炼，所研究的问题具有日常性、情境性，强调研究过程的行动性。如果幼儿教师的研究课题不是以日常教学活动来展开，没有把研究任务与日常教学工作紧密地结合起来，往往难以通过外显的教学活动来检验其课题研究的进程，也会因研究与教学分离而增加教师的工作强度。这种研究思路能够使幼儿教师以一种研究性的眼光来看待日常教学活动，促进教师从经验性教学走向反思性教学。

2. 幼儿教师如何开展课例研究

从组织方式上看，课例研究主要有"一人多次上"和"多人上一课"等形式。这两种园本教研的操作程序都可以看作是"实践——研讨——再实践——再研讨——再实践"的一个循环过程。幼儿教师在这个过程中，不断通过教研活动更新观念，改善教学行为，提高教学效果。[1]

---

[1] 吴振东. 课例研究：值得推广的一种园本教研形式. 教育导刊（幼儿教育），2006（7）.

(1)"一人多次上"

指同一位教师连续上同一活动内容，教学行为不断地改进。其主要的操作过程是：①研究小组共同备课，商定好教学内容，确定好活动目标，然后由执教者根据商定好教学内容拟订活动计划。②研究小组共同研讨执教者所拟订的活动计划，执教者要详细报告活动计划的思路与理由，参与者提出具体的意见与建议，执教者修改所拟订活动计划。有时也可以通过搜集其他幼儿园的课例（教学活动光盘），组织教师们观看并进行相应的讨论：该教师的教学体现了什么教学理念？有何特点？存在什么不足？如何加以"园本化"或有何更好的设计思路？集中研讨结束后请执教者综合大家的意见再对该课例进行重新设计。③执教者组织活动，其他教师到现场观课。④课后组织教师集中研讨，再次修正活动计划。⑤该位教师用修正后的活动计划再次付诸实践，在另一个班级实施，其他教师现场观摩。⑥小组会谈，再次讨论观课的情形，视具体情况决定该活动内容的教学循环的次数。⑦分享结果，可以采用录像重温的方式（全程播放或选择有意义的教学活动片断），也可以采用现场教学的方式，把课例研究过程报告给本园教师分享。

"一人多次上"，围绕一个活动内容进行系列实践和反思活动，从多个视角来看待同一个问题，有助于参研的教师，特别是执教的教师对某一问题获得较深入或多角度的认识，引导教师不断反思和改进教学实践，提升实践智慧和专业化水平。

[案例]

一人多次上的园本教研案例[①]

一、故事

春天来了

小燕子从南方飞到北方，它们一边飞一边唱："春天来了！春天来了！"

小草钻出了地面，它们挺起胸，昂起头，向四面张望着："咦？春天来

---

① 张慧莉. 研讨——实践——再研讨——再实践——从研讨散文诗欣赏《春天来了》看园本教研. 幼儿教育，2006（9）. 有删节。

了？春天在哪儿呀？"

小河里，一朵浪花冲出薄薄的冰层，一跳一跳，着急地嚷着："哦？春天来了？春天在哪儿呀？"

桃树、梨树、杏树上，一个个小花骨朵张开了笑脸，你问我，我问你："听说了吗？春天已经来了，春天在哪儿呢？"

太阳公公出来了，大家一起问："太阳公公，您早啊！请您告诉我们，春天在哪儿呀？"

太阳公公笑了，他说："美丽的孩子们，春天就是你们，你们就代表着春天哪！"

大家听了，快活地欢呼起来："春天来了！春天来了！美丽的春天就是我们，我们就是美丽的春天！"

二、园本教研的过程

散文诗欣赏《春天来了》园本教研

第一次研讨

执教者最初的活动设计：

目标：通过欣赏散文诗《春天来了》，让幼儿感受春天的特征，引起幼儿关注自然环境变化的兴趣。

活动安排：

①出示表现四季特征的图片，让孩子们找出表现春天的图片。

②外出寻找春天并作记录。

③欣赏散文诗《春天来了》，配上相应的图片。

④与同伴分享、交流自己找到的春天。

执教者的说课：

中班孩子对春天的特征不是很了解，所以我在活动开始提供表现四季特征的图片引出活动的主题——春天，接着通过让孩子在幼儿园里寻找、记录春天，帮助孩子获得直接经验，在此基础上让孩子欣赏散文诗，孩子更容易理解散文诗所表达的含义。在活动中，我给孩子们创造了寻找、表达与交流的机会，使他们在活动中更自主。

执教者说课后，教研组全体成员进行第一次质疑与反思，目的是完善活动设计。这是教研活动中的同伴互助行为，教师们彼此借鉴教学经验和策略，使设计思路更加清晰。

教研组成员的质疑与反思：

（1）活动设计中先是以图片引出春天，再到户外寻找春天，接着欣赏散文诗，最后还要与同伴分享观察到的春天特征，这需要花较多时间。活动时间太长，一次活动中的"点"太多，会有"大拼盘"的感觉。中班集体教学活动的时间以25分钟为宜，否则孩子的注意力容易分散，达不到预期的教学效果。

（2）找表现春天特征的图片以及外出寻找春天并进行交流等环节可以不要。因为这是主题背景下的集体教学活动，围绕"春天来了"这个主题有许多活动，有些内容可以在日常活动中渗透。

（3）欣赏散文诗的目的是唤醒孩子关于春天的经验，从中感受春天的美景。孩子只是欣赏图片，似乎难以理解散文诗所表达的优美意境。有否更好的办法，使孩子立刻被散文诗所吸引，产生身临其境的感觉，从而充满学习欲望呢？

（4）对于如何让孩子感受和理解散文诗优美的语言，教师在说课中没有阐述清楚。建议制作多媒体课件，帮助孩子直观地欣赏和理解散文诗。

教研组长的综合分析：

（1）从执教者的说课来看，她在设计活动时考虑了如何整合，也考虑了要发挥孩子的主体作用。

（2）从活动安排来看，内容丰富，形式多样，孩子参与的机会也挺多，但活动内容与活动目标的关联程度不高。活动目标是通过欣赏散文诗让孩子感受春天的特征，但从活动设计的全过程来看，孩子欣赏散文诗的机会并不多。有的教师认为整合就是"大拼盘"，就是内容丰富、形式多样，热闹就意味着孩子的参与程度高，其实并非如此。

（3）从教研组群体反思来看，群体质疑有一定质量，教师们能发现问题、提出质疑，还提出了建议。但大家所发现的问题仍比较表面，如认为活动时间太长就减少内容，其实时间长只是现象，目标与内容是否相关才是本质。所以，群体质疑的质量还有待提高。

接下来的行动：

＊教研组长与执教者一起梳理同伴提出的问题。如怎样围绕教学目标解决时间过长的问题；活动过程怎样围绕教学目标层层展开；怎样在活动中发挥孩子的主体性（不只是简单的"动"）；哪些问题是本次集体教学活动的重点以及如何解决，等等。

＊执教者也进行了反思，活动设计中哪些环节是有价值的，哪些环节可以放在其他活动中进行，怎样吸取同伴的合理建议以修改活动设计。并做好课堂实践的各项准备工作。

第一次课堂实践

课堂实践能检验活动设计的实际效果，给我们提供相关信息，如活动目标是否符合本班孩子的实际，在活动过程中重点和难点是否得以注意和解决，师幼在活动中互动的情况如何，等等。在本次课堂实践中，执教者对原先活动进行了如下调整。

目标：通过欣赏散文诗《春天来了》，让孩子感受春天的特征，引起孩子关注自然环境变化的兴趣。

准备：多媒体课件，散文诗中提到的有关动植物的头饰。

过程：

一、欣赏多媒体课件

师：我带来了一部动画片，你们想不想看？

（欣赏课件一遍）

师：你看到了什么？这么美丽的画面是什么季节？

幼：我看到了春天。看到小鸟飞来了，树上开了小花……

师：你们看得很仔细。春天是一个万物复苏的季节，燕子飞来了，小草发芽了，花儿也开了，美极了！

二、感受和欣赏

1. 第一遍欣赏。

师：美丽的动画片有一首很好听的散文诗，你们想听吗？（教师朗读散文诗）

提问：①刚才我们听到的散文诗叫什么名字？②我们听到了什么？

幼：小草钻出地面说："春天来了，春天来了。"

幼：小浪花说："春天在哪儿呀？"

……

2. 第二遍欣赏（边看课件边听教师朗读散文诗）。

师：这次听完后要告诉我，散文诗什么地方说到春天已经来了。

幼：小燕子飞来了……

师：是呀，所以太阳公公说"春天就是你们""你们就代表着春天"。你们说得真好！

3. 发散性思维。

师：如果你来做小花、小草、小燕子……你会说些什么呢？

三、表达与表现

你们想不想给动画片配音呢？现在请你们选择一个自己愿意扮演的角色的头饰，我们一起来给小燕子、小草、浪花、小花和太阳配音，好吗？

从以上活动安排中可以看出，执教者吸取了同伴的建议，删除了一些与活动目标不相关的环节，如在表现四季变化图片中找出春天图片、外出寻找春天以及分享交流各自找到的春天。同时，教师还采纳了使用多媒体课件的建议，以帮助孩子更好地理解散文诗的意境。

第二次研讨

教研组成员的质疑与反思：

（1）将活动重点放在欣赏散文诗上，并运用多媒体课件帮助孩子理解散文诗，感受春天的美好意境等有利于活动目标的达成。但"引起孩子关注自然环境变化的兴趣"不宜作为本次活动的目标,因为这是整个主题的大目标。

(2) 对散文诗的分析还不够透彻,对重点、难点的把握还有欠缺。太阳公公说的话是这首诗的中心,可以重点引导孩子讨论:太阳公公为什么这么说?

(3) 多媒体课件要发挥图片所不能达到的效果,要充分表现散文诗的意境,让孩子身临其境。就本次活动来看,多媒体的作用还没有凸显出来。比如多媒体课件还没有活灵活现地表现"钻""冲""跳""张开"等动词的含义,而且没有背景音乐,在感官刺激效果上还有欠缺,建议修改课件。

(4) 教师在观察、回应孩子方面还做得不够。从客观上说,教师既要操作多媒体课件,又要组织活动,还要回应孩子,有点顾不过来;从主观上说,教师没有在教学过程中把握好与孩子的互动。

教研组长的综合分析:

＊从说课到第一次课堂实践,我们可以看出执教者根据集体质疑和个人反思并内化后,围绕散文诗调整了活动过程。从目标与内容的匹配程度看,有了明显提高。从教研组群体的两次质疑中,我们不难看出,大家的思路越来越清晰,质疑更有针对性。能够从目标与内容的匹配上看内容安排是否合理,这恰好是本次活动比较关键的问题,可见教师的反思能力在提高。

接下来的行动:

＊教研组长与执教者一起与课件制作者沟通,说明设计意图和希望达到的效果,使多媒体更好地为教学服务。执教者也再次进行反思,活动目标到底应该如何定位,应该注意哪些问题才能和幼儿更好地互动。然后再次调整活动设计,并熟练掌握多媒体的操作程序。

第二次课堂实践

目标:通过欣赏散文诗《春天来了》,让孩子理解散文诗的内容并感受文学作品的美。

准备:多媒体课件,头饰若干。

过程:

第八章　如何开展幼儿园园本教研活动

一、欣赏配乐多媒体课件

师：今天老师带来了一部动画片，你们想不想看？（播放课件）

师：请你告诉我，你看到了什么。

幼：我看到小草都长出来了，小花开了很多，蝴蝶也飞来了。

师：这么美丽的画面是什么季节？

幼：春天。

师：除了动画片里看到的以外，我们还能从哪些方面感觉到春天？

幼：听见了鸟儿的叫声，闻到了花儿的香味，感觉到春风吹在脸上痒痒的。

幼：树叶、小草都变绿了。

师：你们讲得真好！春天是一个万物复苏的季节，燕子飞来了，小草发芽了，花儿也开了，美极了！

二、感受和欣赏

1. 第一遍欣赏。

师：美丽的动画片配有一首很好听的散文诗，你们想听吗？（教师朗读散文诗）

提问：①刚才我们听到的散文诗叫什么名字？②你听到了些什么？

幼：太阳公公说：春天就是你们！

幼：小燕子从南方飞到北方。

2. 第二遍欣赏（教师朗读）。

师：我们再来听一遍《春天来了》，这次一边听一边看动画片，然后大家说说散文诗中什么地方说到春天已经来了？

幼：小燕子从南方飞到北方说"春天来了，春天来了"。

幼：小草钻出了地面，昂起头说"春天来了，春天来了"。

3. 分段欣赏。

师：我们来看看是不是像你们说的那样。（让幼儿欣赏散文诗的前半部分）

师：小燕子、小花、小草不知道春天在哪里，它们请谁帮忙找呢？（让幼儿欣赏散文诗的后半部分）

4. 讨论：春天到底在哪儿？

师：为什么太阳公公说"春天就是你们，你们就代表着春天"？

幼：小草钻出了地面，小花开了。就代表春天来了，所以太阳公公这么说。

师：那么，春天到底在哪儿呢？

幼：小草变绿了，表示春天来了！

幼：桃花、梨花开了，春天来了。

5. 发散性思维。

师：如果你来做小花、小草、小燕子……还会说些什么呢？

幼：春天到了，布谷鸟叫"春天来了，春天来了"。

幼：小鸟和小蝴蝶说"我们去旅行吧"。

……

三、表达与表现

你们想不想给动画片配音呢？现在，请你们选择一个自己愿意扮演的角色的头饰，我们一起来给小燕子、小草、浪花、小花和太阳配音，好吗？

与前次相比，执教者在这次课堂实践中对活动目标作了调整——以欣赏散文诗为主，在活动过程中增加了师幼互动和反复欣赏等环节，并且更加关注孩子的生活经验、表达的需求，关注对散文诗主题的提炼。

教研组成员的感受：(1) 教师通过多媒体课件和优美的语言，让孩子身临其境般感受春天的美景。(2) 教师根据大家的意见修改了活动目标，把重点放在欣赏散文诗、感受文学作品的美上，这就使目标的指向更明确。整个教学活动突出了"让孩子反复感受与体验"这一主导性目标。(3) 师幼之间、课件与孩子之间的互动比较有效。(4) 修改后的多媒体课件突出了主题，背景音乐也很优美，孩子的注意力很快就被吸引了。多媒体课件在教学中发挥了作用，有效帮助孩子理解散文诗。

(2)"多人上一课"

指的是同一活动内容,由研究小组不同的教师来上。其主要操作过程与"一人多次上"类似,不同之处在于第二次执教由另一位教师实施。"多人上一课"能直观地展示出不同的教师处理问题及其执教风格的个性化差异,有助于大家在比较中相互学习、扬长避短、共同提高。

下面案例是选自某幼儿园的课例研究,以中(一)班 G 老师和中(四)班 L 老师的中班文学教研活动《老虎棒棒的喷嚏》活动为例,阐述该园以教研组为单位开展的"多人上一课"园本教研活动。

[案例]

《老虎棒棒的喷嚏》的课例研究[①]

一、故事

有一只小老虎,它的名字叫做棒棒。棒棒从来不生病,这一回它感冒了。鼻子塞得好难受,要是能打个喷嚏,该有多好啊。

于是,棒棒找来胡椒粉,放在鼻子底下轻轻一吸,鼻子痒痒的,"啊,啊嚏——"一个憋了好久的喷嚏打了出来,接着是第二个、第三个,棒棒的喷嚏打得真痛快,一个比一个有威力。

棒棒和小熊一起划船。

"啊、啊嚏——"一个憋足了劲的喷嚏把小熊打进了河里。

棒棒走过小猴的果园,小猴正在树上采果子。

棒棒刚张嘴,"啊、啊嚏——",打招呼变成打喷嚏,小猴被喷嚏震得摔了下来,果子撒了一地。

更加严重的是,棒棒把鸟妈妈的鸟窝也打走了,小鸟摔伤了翅膀。

棒棒一边走一边踢着石子生自己的气。突然,它听到大伙在一起议论这事。

小熊先说:"棒棒打喷嚏,不捂住嘴巴,太不应该了。"

[①] 银小贵. 园本教研促进幼儿教师专业成长的研究——以湖南大学南校区幼儿园为例. 湖南师范大学硕士研究生论文,2009:48-51.

"对，对，对，不能再发生可怕的事情了。"鸟妈妈抱着小鸟说。

最后小猴说："那我们分头行动，想想办法吧。"

"原来，它们在想办法对付我。"棒棒很生气。

到了傍晚，棒棒打喷嚏打得下巴都酸了。

"棒棒在家吗？"小熊在敲门。

真的来了！棒棒大声说："如果你们进来，我就咬你们。"

"好，好，我们不进来，我们给你送一点东西来，就放在门口。"大家说完，就走了。

棒棒打开门。咦？门口放着一碗药和一张纸条，上面写着："这是小猴果园里的梨、小熊的蜂蜜，还有鸟妈妈采来的草药熬出来的药，专治打喷嚏。不过，今后再打喷嚏，请你遮住嘴巴。"

原来是这样啊，棒棒的脸涨得红红的。

喝了这碗药，棒棒的感冒慢慢地好了，不再打喷嚏了。就算再打喷嚏，棒棒也知道要遮住嘴巴了。

二、教研过程

（一）第一轮园本教研活动

执教者：L老师

活动目标：

1. 体验故事中角色的情感变化，感受体谅、关注别人的心情。

2. 通过活动，养成爱卫生的好习惯，明白生活中的一些礼节。

3. 欣赏故事，理解故事内容，并大胆表达自己的想法和感受。

活动过程：

1. 出示老虎手偶，引起幼儿兴趣。

2. 听故事录音，引导幼儿欣赏后提问。

3. 教师结合多媒体再次讲述故事，帮助幼儿理解故事情节发展，尝试按线索想象，并大胆表达。

4. 创编故事结尾，倾听完整故事。

第八章　如何开展幼儿园园本教研活动

5. 概括讨论。

6. 教师总结，结束活动。

教学活动结束以后，该教研组全体人员回会议室进行研讨。首先是执教者的说课：这是一个童话故事，故事中棒棒是一个知错就改、敏感、有礼貌的小老虎。故事大部分运用了夸张、拟人的修辞手法。以棒棒的喷嚏为主要线索，并且一个比一个有威力，情节离奇。孩子们很喜欢已知和未知相结合的故事。并且孩子们升入中班，他们用语言表达的愿望更加强烈了。因此，我设计了此次活动，希望能借助孩子们感兴趣的童话故事，给他们一个大胆想象和创造表达的空间，能让幼儿从中有所收获。不足的是在最后一个环节让儿童编结尾时，儿童不明白是怎么回事，还有在激发儿童想象力上不到位。

执教者说课后，教研组全体成员进行第一次质疑与反思，目的是完善活动设计。这是教研活动中的专家引领和同伴互助行为，幼儿教师们彼此借鉴教学经验和策略，使教学思路更加清晰。

教研组成员的质疑和反思如下：

首先是看活动目标的制定是否合理。比如活动目标二是不合适的，因为"礼节"太大了，儿童不知道是怎么回事，所以对执教者的提问，儿童答不上来。

其次是教具的有效利用问题。执教者是先完整地播放一遍故事录音，从孩子们的反应来看，播放录音是不太合适的，如果执教者声情并茂地讲述故事，更加能够吸引孩子的注意力。本来故事是很夸张的，但由于课件制作得很单一、呆板，使得文学作品的关键词"喷嚏"、"威力"、"议论"、"对付"都没能体现出来，因此不能有效调动儿童的积极性及帮助儿童理解作品。

再次是教学环节及提问。执教者先听录音分段讲述故事，再完整地口述故事，最后让儿童创编故事结尾。根据儿童的年龄特点及理解能力，可以先让儿童完整地感受故事，在此基础上再进行分段讲述，但执教者最后让儿童创编故事结尾对中班孩子而言不合适。此教学活动的提问太多，且提问不能反映故事发生的线索、人物心理活动。另外，执教者将文学作品的第一段分在"一个比一个有威力"合适吗？第一段应该分到"小鸟摔伤了翅膀"。这样儿童才能理解"一个比一个有威力"。

从教研组群体反思来看，群体质疑有一定的质量，他们能发现问题、提出质疑，还提出了建议。从执教者的教学过程和对幼儿提问上看，其精彩的演讲代替了幼儿学习的过程，对教学目标的制定和对文学活动的关键词、段落的划分也把握不当。第二天下午，园领导带领语言教研组的幼儿老师结合《老虎棒棒的喷嚏》的案例，进行了文学活动的设计与组织的讨论，文学活动的设计与组织主要包括学习文学作品、理解体验作品、迁移作品经验、创造性想象四个方面。经过深入的探讨和学习，幼儿教师们掌握了理论知识，在此基础再进行第二轮教研。

（二）第二轮园本教研活动

执教者：G老师

活动目标：

1. 欣赏故事，理解故事内容。
2. 体验故事中角色的情感变化，感受体谅、关心别人的心情。
3. 尝试用恰当的语句表达自己的想法和感受。

活动过程：

1. 教师出示手偶，导入活动主题。
2. 教师完整口述故事，引导幼儿初步学习、理解故事。
3. 教师分段讲述故事，帮助幼儿了解故事情节并大胆表达。
4. 教师结合课件，进行启发性提问，引导幼儿理解和把握活动主题。
5. 引导幼儿想象故事结尾，活动自然结束。

引导语：其实故事并没有这样结束，你们觉得小老虎得到别人的帮助后会怎么样做呢？会发生什么样的事情呢？

第二轮园本教研活动结束后，该教研组的幼儿教师们回到会议室进行研讨。

首先，在教学目标上改为"体验故事中角色的情感变化，感受体谅、关心别人的心情"，更能体现从儿童的角度思考问题，体现了对幼儿的尊重。

其次，由原来的录音机播放故事，改为幼儿教师先有声有色、完整地口述故事，使幼儿对故事有了初步的感受，再分段逐步引导幼儿理解故事内容。执教者为了激发幼儿的兴趣，利用多媒体课件吸引幼儿的注意力，再一次完整地欣赏故事，以此为幼儿提供自我探索的时间和空间，加深儿童对文学活动的理解。

相比第一轮而言，第二轮执教的优点是：整个教学活动环节组织比较清晰，按照原定计划有条理地组织教学；在各个环节中提出了恰当的要求；孩子们通过表演不同的角色实现了活动目标三"尝试用恰当的语句表达自己的想法和感受"；当孩子注意力转移时，能很好地用故事情景将孩子的注意力引到活动主题上来；幼儿们对同伴友好、关心所做出的回应表明，孩子们理解了这个文学作品中帮助、关心他人的主题；课件生动活泼，能较好地表达故事跌宕起伏的情节。

活动中的不足主要表现在：执教者对故事理解不到位，不能完整地将故事讲述出来；活动中最常见的一种形式就是，幼儿教师发问孩子回答，然后幼儿教师再次发问，幼儿再次回答，大多是师生之间的互动，缺少生生之间的互动；对关键词"对付"、"威力"的把握不到位；课件还需进一步改进，因为孩子反映该动画片没有声音，配上声音孩子们就更投入了。

3. 开展课例研究的注意事项

幼儿教师在开展课例研究的过程中，需要注意以下问题：[①]

（1）研讨应努力以先进的教育理念为引领，不管是执教者的反思还是同伴的互助，都应努力运用一定的理论来看待实践的问题，要克服过去过分依赖于经验的做法，简单地从经验到经验。参研的教师应有意识地培养良好的研讨习惯，即既要指出问题的所在，又要能说出问题的原因，提出解决问题的办法，以及这些办法的依据是什么，或者是抛出自己感到困惑的问题以供

---

① 吴振东. 课例研究：值得推广的一种园本教研形式. 教育导刊（幼儿教育），2006（7）.

大家讨论，尽可能将蕴涵在具体情境中的缄默知识通过集体的研讨转化为公共的外显的知识，让有用的缄默知识获得更大的传播。

（2）每个人都要明确每次活动的具体任务，要积极主动地分担起参研者的责任，特别是观课的教师。过去我们比较不重视观课者课堂观察习惯与技能的培养，导致观课者的观察过于随意，而教师课堂观察的水平势必会影响其后研讨的质量。笔者认为，借鉴课例研究的做法，可以将观课者分成两大组，一组负责观察教师"教"的行为，另一组则观察幼儿"学"的情况，每组在观察前要做好各项准备，比如要商定好观察的内容、观察的方法及具体的分工。

（3）应努力做到精研。要保证有充分的时间在"研"上做工夫，努力将有限的课例研深、研透，防止走过场。一个完整的课例研究所需要的时间一般为10—15小时（3周内）。

（4）参研教师应做好个人研讨的记录，除执教者要做好方案的说明、课后反思，观课的老师要做好听课记录外，每个参与者都要尽可能将自己的发言形成文字，而且要及时记录研讨现场中个人认为有价值的同伴发言（可以是课后补记），应努力克服发言的随意性，养成将研讨情况及时记下来的好习惯。

（5）一个课例结束后，每个人都应及时地以一定方式梳理自己的思路，包括自己从这一课例研究中获得了什么，或是尚有什么困惑，以使自己的专业能在不断的反思中获得持续的成长。

（三）以课题研究为主线的园本教研

1. 什么是以课题为主线的园本教研

以课题为主线的园本教研指的是借助课题研究这一抓手，对该课题所涉及的有关内容进行较为系统的有目的的高质量的研讨和探究，并通过探究来达到解决幼儿教育中实践问题、改善教育实践行为、增长教育智慧、提高教育质量的目的。

以课题研究为主线的园本教研，首先要选好课题，这也是教研活动组织能否成功的关键。园本教研的课题是幼儿园在实践中遇到的需要解决、能够解决的重点问题，所选定的园本教研课题应适合全园教师共同研究。园本教研范畴内的课题研究有自己的特点：首先，选题从幼儿教师的教学实践中来，是幼儿园比较普遍存在又具有研究价值或与幼儿园教育特色形成有密切关系的问题；其次，课题研究者是幼儿园教师，课题组主要研究力量应该是园本教研核心小组成员，其他教师进行配合，专业研究者从研究方向、研究方法等方面进行指导；再次，课题研究的方法主要是基于教学实践的反思与叙事；最后，研究目的在于教学实践问题的解决和幼儿教师在概括、提升实践经验过程中而实现的专业发展。

2. 如何选择园本教研课题

选择课题主要是从实践中筛选急需解决的问题，以个人或班级为单位各自先拟出认为急需研究的课题，这种课题可以从以下方面来进行：

（1）通过对过去的教研问题进行扩展，形成课题扩展策略，就是在过去教研问题中，精选出对本园教学产生决定性影响的、教师感兴趣的、与园本特色有关的问题，对此深入开展研究。

（2）对过去教研问题进行细化，形成课题。在过去教研问题中，有些问题非常重要，但过去的研究较笼统和不全面、教研深度不够，而细化策略就是把一个教研问题分解成若干研究课题，并在其中选出一个近阶段迫切需要解决的问题作为研究课题。

（3）从幼儿教师的教学问题中提炼出课题。在开展课题研究过程中，特别是开展研究课活动时，每次集体研讨活动结束，都让所有的参与者针对本次研究课提出自己的困惑和收获。对教师的困惑进行梳理和筛选，最后把一个既具有共性又具有针对性的跨情境问题确定为教师集体研究的课题。[1]

总之，园本教研中的研究课题的选择应遵循问题解决、螺旋式提升的路径。针对所选课题，每一阶段确定一个研究重点，研究重点来源于研究课中

---

[1] 束从敏等. 以课题研究为主线的园本教研模式研究. 学前教育研究，2006（9）.

大家的共同困惑。也许在一次研究活动中幼儿教师的困惑会很多，那么就把这些问题记录下来，形成一个问题库，根据目前的研究条件，对这些问题的研究先后顺序进行排列。问题库是动态的，每一次研究课新发现的问题和困惑均应充实进问题库，然后对这些问题逐个解决，一个问题研究一段时间，探索出一定规律后再过渡到另一个问题。切忌一个阶段研究问题太多，导致每一个问题都不能深入分析和探讨。问题虽然逐个研究，但这些问题之间是相互联系的，都是围绕所选择的研究课题的。

如何开展课题研究这里不再重复，可以参见前面相关章节的内容。

此外，随着我国学前教育改革的深入，园本教研逐渐深入到幼儿园的教育实践活动，幼儿教师摸索出了很多具有园本特色的教研形式或者模式，例如"1+4园本教研"、"教师工作坊形式"、"教育会诊模式"、"生成性园本教研模式"等，这些新型的园本教研模式为我们提供了新的思路和新的探索方向。

【阅读推荐】

1. 沈心燕、北京市教育委员会．教研支持方式的实践与思考．北京：北京师范大学出版社，2009．

本书真实地记录了北京市西城区众多《纲要》试点园的园长和教师，同西城区教委学前科一起，共同经历的园本教研的研究过程。本书共三章，第一章阐述了如何通过尊重教师主体，转变支持方式；第二章阐述了如何立足园本教研，提高教研实效，其中比较详细地介绍了"园本教研中需要处理好的四组关系"、"园本教研是促进师生共同成长的有效途径"、"在组织园本教研活动中提高专业引领能力"等问题；第三章主要阐述了构建学习共同体，实现共同成长的问题。

2. 程方生．幼儿园园本教研实践框架分析．江西教育科研，2007（4）．

作者在这篇文章中主要介绍了园本教研及其价值的问题，从组织结构、

第八章　如何开展幼儿园园本教研活动

支持体系和活动方式三方面对幼儿园园本教研的实践框架进行了探索。

【思考与探索】

1. 当前幼儿园园本教研中存在不少问题，其中一个问题就是幼儿教师的主体性难以发挥。为了解决这个问题，你认为在园本教研中该如何确立幼儿教师的主体地位呢？

2. 以课例为载体的"听课—说课—评课"教研方式是当前幼儿园普遍开展的一种教研方式，尤其是一课三研的方式，应如何组织开展一课三研活动？应该注意哪些方面的问题？

第九章　如何以教科研活动促幼儿教师专业发展

【内容提要】本章主要阐述了幼儿教师专业发展的内涵以及基于我国《幼儿园教师专业标准》的幼儿教师专业发展问题，阐述了园本教研促进幼儿教师专业发展的机制。

【问题导引】通过本章学习，能深入思考和解答以下的问题：一是《幼儿园教师专业标准》的出台对我国幼儿教师专业发展带来哪些方面的影响？二是结合园本教研的过程与特点，分析园本教研促进幼儿教师专业发展的基本原理是什么？三是园本教研促进幼儿教师专业发展的机制是什么？

园本教研是立足幼儿园教学实践，以解决幼儿园在改革中面临的具体问题为对象，以幼儿教师为研究主体，以促进幼儿健康、活泼、充分发展，促进教师专业成长为目的的研究活动。园本教研是促进幼儿教师专业成长的重要途径，幼儿教师自身的专业发展既是推动园本教研开展的直接动力，也是园本教研持续开展的必然结果。

第一节 幼儿教师专业发展

一、什么是幼儿教师专业发展

在教师专业发展的概念上，不同学者对于教师专业发展的概念有着不同的理解。

国外学者哈格里夫斯和富兰（Hargreaves & Fullan）将教师专业成长归结为三种：

一是教师专业成长即知识和技能的发展。这些知识与技能主要包括学科知识、课堂管理、意识到并熟悉新的教学策略，如合作学习、全文教学等；知晓并能根据不同学习风格作出反应等。

二是教师专业成长即自我理解。这种观点认为教师成长不单要变革教师的行为，更要变革教师这个"人"，变革教师的观念。教师专业成长最重要的是"自我理解"，即对个人和实践知识的反思。

三是教师专业成长即生态变革。这种观点强调教师发展的背景，强调促进教师发展的适宜土壤。

国内有的学者认为：教师专业发展是教师不断成长、不断接受新知识、提高专业能力的过程。它包含教师在职业生涯过程中提升其工作的所有活动。在这一过程中，教师通过不断的学习、反思和探究来拓宽其专业内涵、提高专业水平，从而达到专业成熟的境界。教师专业发展不仅包括教师职业生涯中知识、技能的获得与情感的发展，还涉及与学校、社会等更广阔情境的道德与政治因素。①

对于幼儿教师专业发展的研究与理解基本是与教师专业发展一致的，不同的就是针对幼儿教师的专业特点而有所差异。对幼儿教师专业发展的理解有以下几种观点：

幼儿教师专业成长主要是指幼儿教师从非专业人员成为专业人员且不断提升自己的专业品质的发展过程。②

幼儿教师的专业成长实际上是幼儿教师在其专业生涯中，习得幼儿教学的专门知识与技能、内化幼教专业规范、形成幼教专业精神、表现专业自主性并实现专业责任的历程。这个过程实际上也就是一个人由"普通人"转化为"幼教工作者"并最终融入教师专业团体的专业成长过程，是一个必须终身进行的过程。而且，这个过程曲折、复杂，是一个受到多种因素影响的动态发展的持续不断而又永无休止的过程。③

我们认为，幼儿教师专业发展是幼儿教师通过严格的专业训练和自身不断地主动学习的基础上，不断提升自己的专业品质，逐渐成长为一名专业人员的发展过程。

二、基于《幼儿园教师专业标准》的专业发展

（一）《幼儿园教师专业标准》出台背景与指导思想

随着《国家中长期教育改革和发展规划纲要（2010—2020年）》、《国务院关于当前发展学前教育的若干意见》的贯彻实施，各地学前教育三年行动计划的纷纷出台，大力发展学前教育正成为我国教育事业发展的一道亮丽风景线。学前教育发展不仅要建设一批坚实安全的幼儿园，更需要建设一支师德高尚、业务精良的幼儿园教师队伍。要实现"基本普及"的战略目标，满足人民群众对学前教育的迫切需求，不仅仅意味着入园率的提高，更重要的是

---

① 卢乃桂、钟亚妮. 国际视野中的教师专业发展. 比较教育研究，2006（2）.
② 顾荣芳. 论幼儿园教师专业成长的本质. 幼儿教育，2005（3）；
③ 王杰. 幼儿教师专业成长研究述评. 南通大学学报，2005（4）.

学前教育质量的提升，而其中的关键与核心便是教师队伍质量的提升。国际经验也表明，幼儿园教师质量决定着学前教育的质量，高素质专业化的幼儿园教师队伍是高质量教育和儿童健康发展的重要保障。在这种背景下，2011年12月12日，教育部正式公布《幼儿园教师专业标准（试行）》征求意见稿（以下简称《专业标准》）。《专业标准》具有以下指导思想：

1. 专业导向，师德为先。幼儿园教师是对幼儿实施保育和教育职责的专业人员，需具有特定的专业素质，具有良好的职业道德与态度、专业的教育知识和技能。因此，《专业标准》具有严格的职业道德规范，明确的专业导向，规定幼儿园教师从事幼儿园教育教学工作所必须达到的基本专业要求。

2. 基本规范，前瞻引领。《专业标准》是国家对合格幼儿园教师专业素质的基本要求，规定的是幼儿园教师必须达到的基本专业素养和教师开展保教活动的基本规范，同时又是引领幼儿园教师专业发展的基本准则，为幼儿园教师专业发展提供方向性的指引和导航，幼儿园教师应按标准中所提出的专业要求，不断提升专业发展水平。

3. 全面要求，突出重点。《专业标准》将专业理念与师德、专业知识和专业能力三方面作为幼儿园教师必备的基本素质与条件，尤其注重专业理念与师德，将其作为《专业标准》的灵魂与核心。《专业标准》强调合格的幼儿园教师必须富有爱心、责任心、耐心和细心，必须关爱幼儿，尊重幼儿，做幼儿健康成长的启蒙者和引路人，同时对当前社会反映的教师专业意识或行为中薄弱、不足的方面，予以关注与强调。

4. 共同准则，体现独特。《专业标准》既充分反映教师职业所应具有的普遍性专业特点，同时又适应幼儿身心发展需求和幼儿园阶段教育的特殊性，充分体现幼儿园教师素质的独特性。在《专业标准》中，特别强调幼儿园教师要保教结合，适宜安排幼儿的一日生活；重视环境和游戏对幼儿发展的独特价值，积极支持与引导幼儿游戏，将教育灵活地渗透于一日生活中。

5. 立足国情，国际视野。《专业标准》是引领我国幼儿园教师专业发展的基本准则，充分考虑满足我国社会和学前教育事业改革发展的需求，并充分考虑我国国情与教师专业发展和教育现状。同时，积极分析与借鉴国际相关儿童发展、教育改革，特别是教师专业标准和专业化发展等最新研究成果，以制定更加符合世界教育改革与教师专业发展趋势，又适合于我国国情的幼儿园教师专业标准。

（二）《幼儿园教师专业标准》的基本理念

贯穿《专业标准》的基本理念是：幼儿为本、师德为先、能力为重和终身学习。幼儿为本要求幼儿园教师热爱幼儿，尊重幼儿的主体地位和个体差异，遵循幼儿身心发展规律，促进每个幼儿生动、活泼、主动地发展，全面健康地成长。师德为先是幼儿园教师最基本、最重要的职业准则和规范，每一位教师都必须做到热爱学前教育事业，关爱幼儿，尊重幼儿，为人师表，教书育人，担当起幼儿健康成长的启蒙者和促进者的责任。能力为重突出了幼儿园教师的教育教学和引导促进儿童健康成长的实践能力，强调幼儿园教师要能以专业的意识与行为进行保教工作，具有遵循幼儿成长规律进行教育的能力。终身学习的理念适应了国际教师专业发展与教育改革的趋势，同时也适应了教师不断学习提高的职业要求，每一位教师都应具有终身学习与持续发展的意识和能力，通过不断地学习、研究与实践，不断提高专业素质。

（三）《幼儿园教师专业标准》的基本内容与特点

1. 《幼儿园教师专业标准》的基本内容

《专业标准》的基本内容构架包含了专业理念与师德、专业知识和专业能力3个维度，14个领域。它体现了幼儿园教育的突出特点和保教工作的基本任务，特别强调了幼儿园教师所必须具备的良好环境的创设与利用、幼儿一日生活的合理组织与保育、游戏活动的支持与引导、教育活动的恰当计划与实施能力等。在基本要求层面，更是充分反映了幼儿园教师必须具备的专业态度、知识与能力。比如，特别强调了幼儿园教师要将幼儿的生命安全和身心健康放在首位并具有相应的专业知识和能力；要掌握和尊重幼儿身心发展的年龄特点和个体特点，重视生活对幼儿健康成长的重要价值，重视环境和游戏对幼儿发展的独特作用，掌握幼儿园环境创设、一日生活安排、游戏与教育活动、班级管理的知识与方法等等。具体参见表9－1。

表9－1：《幼儿园教师专业标准》的基本内容①

维度	领域	基本要求
专业理念与师德	（一）职业理解与认识	1. 贯彻党和国家教育方针政策，遵守教育法律法规。 2. 理解幼儿保教工作的意义，热爱学前教育事业，具有职业理想和敬业精神。 3. 认同幼儿园教师的专业性和独特性，注重自身专业发展。 4. 具有良好职业道德修养，为人师表。 5. 具有团队合作精神，积极开展协作与交流。
	（二）对幼儿的态度与行为	6. 关爱幼儿，重视幼儿身心健康，将保护幼儿生命安全放在首位。 7. 尊重幼儿人格，维护幼儿合法权益，平等对待每一个幼儿。不讽刺、挖苦、歧视幼儿，不体罚或变相体罚幼儿。 8. 信任幼儿，尊重个体差异，主动了解和满足有益于幼儿身心发展的不同需求。 9. 重视生活对幼儿健康成长的重要价值，积极创造条件，让幼儿拥有快乐的幼儿园生活。
	（三）幼儿保育和教育的态度与行为	10. 注重保教结合，培育幼儿良好的意志品质，帮助幼儿形成良好的行为习惯。 11. 注重保护幼儿的好奇心，培养幼儿的想象力，发掘幼儿的兴趣爱好。 12. 重视环境和游戏对幼儿发展的独特作用，创设富有教育意义的环境氛围，将游戏作为幼儿的主要活动。 13. 重视丰富幼儿多方面的直接经验，将探索、交往等实践活动作为幼儿最重要的学习方式。 14. 重视自身日常态度言行对幼儿发展的重要影响与作用。 15. 重视幼儿园、家庭和社区的合作，综合利用各种资源。

① 中华人民共和国教育部. 幼儿园教师专业标准（试行），http://www.moe.gov.cn/publicfiles/business/htmlfiles/moe/s6127/201112/127838.html.

	（四）个人修养与行为	16. 富有爱心、责任心、耐心和细心。 17. 乐观向上、热情开朗，有亲和力。 18. 善于自我调节情绪，保持平和心态。 19. 勤于学习，不断进取。 20. 衣着整洁得体，语言规范健康，举止文明礼貌。
专业知识	（五）幼儿发展知识	21. 了解关于幼儿生存、发展和保护的有关法律法规及政策规定。 22. 掌握不同年龄幼儿身心发展特点、规律和促进幼儿全面发展的策略与方法。 23. 了解幼儿在发展水平、速度与优势领域等方面的个体差异，掌握对应的策略与方法。 24. 了解幼儿发展中容易出现的问题与适宜的对策。 25. 了解有特殊需要幼儿的身心发展特点及教育策略与方法。
	（六）幼儿保育和教育知识	26. 熟悉幼儿园教育的目标、任务、内容、要求和基本原则。 27. 掌握幼儿园环境创设、一日生活安排、游戏与教育活动、保育和班级管理的知识与方法。 28. 熟知幼儿园的安全应急预案，掌握意外事故和危险情况下幼儿安全防护与救助的基本方法。 29. 掌握观察、谈话、记录等了解幼儿的基本方法。 30. 了解0—3岁婴幼儿保教和幼小衔接的有关知识与基本方法。
	（七）通识性知识	31. 具有一定的自然科学和人文社会科学知识。 32. 了解中国教育基本情况。 33. 掌握幼儿园各领域教育的特点与基本知识。 34. 具有相应的艺术欣赏与表现知识。 35. 具有一定的现代信息技术知识。

专业能力	（八）环境的创设与利用	36. 建立良好的师幼关系，帮助幼儿建立良好的同伴关系，让幼儿感到温暖和愉悦。 37. 建立班级秩序与规则，营造良好的班级氛围，让幼儿感受到安全、舒适。 38. 创设有助于促进幼儿成长、学习、游戏的教育环境。 39. 合理利用资源，为幼儿提供和制作适合的玩教具和学习材料，引发和支持幼儿的主动活动。
	（九）一日生活的组织与保育	40. 合理安排和组织一日生活的各个环节，将教育灵活地渗透到一日生活中。 41. 科学照料幼儿日常生活，指导和协助保育员做好班级保育和卫生工作。 42. 充分利用各种教育契机，对幼儿进行随机教育。 43. 有效保护幼儿，及时处理幼儿的常见事故，危险情况下优先救护幼儿。
	（十）游戏活动的支持与引导	44. 提供符合幼儿兴趣需要、年龄特点和发展目标的游戏条件。 45. 充分利用与合理设计游戏活动空间，提供丰富、适宜的游戏材料，支持、引发和促进幼儿的游戏。 46. 鼓励幼儿自主选择游戏内容、伙伴和材料，支持幼儿主动地、创造性地开展游戏，充分体验游戏的快乐和满足。 47. 引导幼儿在游戏活动中获得身体、认知、语言和社会性等多方面的发展。
	（十一）教育活动的计划与实施	48. 制定阶段性的教育活动计划和具体活动方案。 49. 在教育活动中观察幼儿，根据幼儿的表现和需要，调整活动，给予适宜的指导。 50. 在教育活动的设计和实施中体现趣味性、综合性和生活化，灵活运用各种组织形式和适宜的教育方式。 51. 提供更多的操作探索、交流合作、表达表现的机会，支持和促进幼儿主动学习。

（十二）激励与评价	52. 关注幼儿日常表现，及时发现和赏识每个幼儿的点滴进步，注重激发和保护幼儿的积极性、自信心。 53. 有效运用观察、谈话、家园联系、作品分析等多种方法，客观地、全面地了解和评价幼儿。 54. 有效运用评价结果，指导下一步教育活动的开展。
（十三）沟通与合作	55. 使用符合幼儿年龄特点的语言进行保教工作。 56. 善于倾听，和蔼可亲，与幼儿进行有效沟通。 57. 与同事合作交流，分享经验和资源，共同发展。 58. 与家长进行有效沟通合作，共同促进幼儿发展。 59. 协助幼儿园与社区建立合作互助的良好关系。
（十四）反思与发展	60. 主动收集分析相关信息，不断进行反思，改进保教工作。 61. 针对保教工作中的现实需要与问题，进行探索和研究。 62. 制定专业发展规划，不断提高自身专业素质。

2.《幼儿园教师专业标准》的基本特点

《专业标准》具有以下五个突出特点：[①]

第一，对幼儿园教师的师德与专业态度提出了特别要求。师德与专业态度是教师职业的基准线。尤其幼儿园教师的教育对象是身心发展迅速、可塑性大同时易受伤害的幼儿，其更需要教师师德高尚，具有良好的职业道德修养，富有爱心、责任心、耐心和细心，热爱幼儿，并给予幼儿精心的呵护和教育培养。

第二，要求幼儿园教师高度重视幼儿的生命与健康，充分考虑幼儿发展的身心特点和社会对幼儿安全与健康的热切关注。《专业标准》明确提出要高度重视幼儿的生命与健康，并从专业态度、知识和能力三个层面相互呼应，全面提出了具体要求。如教师要将保护幼儿生命安全放在首位；熟知幼儿园

[①] 《幼儿园教师专业标准》课题组负责人详解标准. http://news.xinhuanet.com/edu/2011-12/13/c_122412888.htm.

的安全应急预案,掌握意外事故和危险情况下幼儿安全防护与救助的基本方法;能有效保护幼儿,危险情况下优先救护幼儿等。

第三,充分体现幼儿园保教结合的基本特点。幼儿身心发展的特点和需要决定了保教结合是幼儿园教育的基本原则,也是对幼儿园教师的基本专业要求。《专业标准》明确提出要"注重保教结合",不仅将"一日生活的组织与保育"作为重要的专项领域要求,而且对教师提出了多项具体要求,要能合理安排和组织一日生活的各个环节,科学照料幼儿的日常生活,将教育灵活地渗透到一日生活中;能充分利用一日生活中的各种教育契机,对幼儿进行随机教育,以将保教结合原则落到实处。

第四,强调幼儿园教师必须具备的教育教学实践能力。教育实践能力是教师对幼儿施以积极影响、引导幼儿发展的基础。《专业标准》对幼儿园教师必须具备的教育教学能力提出了明确要求,特别强调幼儿园教师要具有观察了解幼儿、掌握不同年龄幼儿身心发展特点和个体差异的能力;要具有环境的创设与利用、一日生活的组织与保育、游戏的支持与引导、教育活动的计划与实施、对儿童的激励与评价等基本专业能力;能根据幼儿的特点和需要,给予适宜的指导,并能引发和支持幼儿的主动活动,引导幼儿在游戏活动中获得多方面的发展。

第五,重视幼儿教师的反思与自主专业发展能力。《专业标准》强调幼儿园教师要具有不断进行专业化学习、实践、反思和提高的意识与能力。这既是现代社会发展、教育改革对教师的必然要求,也是幼儿不断成长的必然要求。《专业标准》特别在"基本理念"和"专业能力"中均提出了对教师反思与自主发展的要求,明确指出幼儿园教师在教育工作中应"主动收集分析相关信息,并不断进行反思,改进保教工作";同时,应制订个人专业发展规划,通过不断的学习、实践、反思,不断提高自身专业素质,从而为学前教育质量的提升和幼儿一生的健康发展打下良好的基础。

(四)《幼儿园教师专业标准》颁发的重大价值

《专业标准》具有明确的专业导向,不仅严格规定从事幼儿教育教学工作的专业准入条件,更体现幼儿园教师的专业属性,明确幼儿园教师从事幼儿教育、教学工作所必须达到的基本专业素养要求,从而使幼儿园教师与其他类型教师区别开来。具有明确专业导向的幼儿园教师专业标准的制定和实施,不仅可以给本专业的成员建立一套专业行为准则,作为成员在遇到和处理事情时的指引,从而维持一定的专业水准。因此这一标准的颁发对于引领和促进幼儿园教师的专业发展,引导幼儿园教师的专业学习与实践,促进幼儿园教师专业水平的提升,无论对当下还是长远的幼儿园教师队伍建设、学前教育事业的健康发展和亿万幼儿的健康发展,都是极其重要的。

为了确保《专业标准》能够成为我国幼儿园教师专业发展的指南,教育部在《专业标准》的实施建议部分明确指出,要有效地保证《专业标准》能够系统地在国家政策、高校培养、幼儿园管理培养以及幼儿园教师个人发展层面形成一个完善的培养体系得到落实,从而真正发挥《专业标准》对幼儿教师园专业发展的引领作用。具体实施建议有以下四个方面:

1. 各级教育行政部门要将《专业标准》作为幼儿园教师队伍建设的基本依据。根据学前教育改革发展的需要,充分发挥《专业标准》引领和导向作用,深化教师教育改革,建立教师教育质量保障体系,不断提高幼儿园教师培养培训质量。制定幼儿园教师准入标准,严把幼儿园教师入口关;制定幼儿园教师聘任(聘用)、考核、退出等管理制度,保障教师合法权益,形成科学有效的幼儿园教师队伍管理和督导机制。

2. 开展幼儿园教师教育的院校要将《专业标准》作为幼儿园教师培养培训的主要依据。重视幼儿园教师职业特点,加强学前教育学科和专业建设。完善幼儿园教师培养培训方案,科学设置教师教育课程,改革教育教学方式;重视幼儿园教师职业道德教育,重视社会实践和教育实习;加强从事幼儿园教师教育的师资队伍建设,建立科学的质量评价制度。

3. 幼儿园要将《专业标准》作为教师管理的重要依据。制定幼儿园教师专业发展规划,注重教师职业理想与职业道德教育,增强教师育人的责任感与使命感;开展园本研修,促进教师专业发展;完善教师岗位职责和考核评价制度，健全幼儿园绩效管理机制。

4. 幼儿园教师要将《专业标准》作为自身专业发展的基本依据。制定自我专业发展规划，爱岗敬业，增强专业发展自觉性；大胆开展保教实践，不断创新；积极进行自我评价，主动参加教师培训和自主研修，逐步提升专业发展水平。

第二节 园本教研促进幼儿教师专业发展的机制

幼儿教师的自我反思、幼儿教师集体的同伴互助、专业研究人员的专业引领是园本教研中促进幼儿教师专业发展的三个基本途径，而这三者也构成了园本教研促进幼儿教师专业发展的机制。

一、园本教研促进幼儿教师专业发展的价值

园本教研是以幼儿园为本位的、以教师群体性教学实践为基础的、由研究者和骨干教师引领的教研活动方式，是一种基于行动的教研。通过园本教研能让幼儿教师在行动中获得和积累处理教学问题的实际知识，即默会知识；获得提高教学的理解力和领悟力，从容应对幼儿生成的学习问题。所以，它能不断丰富教师的群体实践智慧和个体经验，能够有效地解决"理念和行动脱节"这一瓶颈问题，促进幼儿教师专业化水平的提升。

（一）园本教研有助于提升幼儿教师的实践智慧

教师通过不断地反思自己的行动经验，丰富自己的行动策略，改善教育教学行为，提升感性的、表面化的经验，内化为实践能力。这是以行动研究为主要形式的教学研究实践活动。因此，园本教研就是解决教师实践智慧的行动研究，是提升教师实践智慧的有效途径。也可以说，园本教研的过程实际上是教师不断形成个体的教育观念、提高专业素养、促进专业发展的过程。

（二）园本教研有助于提升幼儿教师的实践反思能力

幼儿教师的实践智慧主要是在个体经验感悟基础上，通过反思生成并表

现出来的,进而促进教育质量的提高。没有反思就没有教师的实践智慧,就没有教师的专业发展。幼儿教师应利用上述提到的个体反思、团体反思、实践前反思、实践中反思和实践后反思,深入地思考已有的经验、已然的教育教学理论及直觉例行的决策行动,建构反思性的实践智慧。在园本教研中,引导幼儿教师进行自我反思,反思活动的设计、实施、效果,是教师与自我展开的对话,是教师专业发展和自我成长的核心要素。

二、园本教研促进幼儿教师专业发展的机制

自我反思、同伴互助和专业引领是开展园本教研、促进教师专业发展的三种基本途径。幼儿教师的自我反思、同伴互助及专业引领是密切联系的。幼儿教师的自我反思和同伴互助都会涉及专业引领的问题。支持幼儿教师的自我反思并引发同伴互助,要求教研管理者发挥专业引领的作用。而幼儿教师的自我反思又是提高同伴互助质量的前提,因为教师只有在自我反思的基础上才能明确自己的优势与不足,进而提出自己的困惑,供大家思考和研讨;同样,教师同伴也只有根据某个教师的实践及其自我反思,才能了解其设计思路和真实想法,帮助诊断问题的症结,进而通过质疑、建议等方式帮助其解决困惑,改进不足。这三个方面构成一个整体,共同帮助教师拓展参与的广度和思维的深度,实现与实践对话、与同伴对话、与理论对话的过程。

这就需要幼儿园在园本教研中不仅要注重教师个人的反思,还要鼓励教师同伴间的互助合作,并通过集体研讨共同诊断问题、寻找对策、分享经验、挖掘价值。同时,为了避免教师在原有经验水平上的重复,改变他们等、靠、要的思维方式,我们鼓励园所根据自己的需要主动寻求专业引领,以提高研究的质量,真正将教学与研究相结合、研究与反思相结合、反思与互助相结合、互助与专业引领相结合。

三、园本教研促进幼儿教师专业发展的途径

(一)幼儿教师的自我反思

1. 幼儿教师自我反思的内涵

自我反思是幼儿教师以自己的教学行为为思考对象，是教师用批判和审视的眼光对自己的教学理念、教学方法、教学行为、教学过程、教学结果等进行的自我回顾和分析的过程。自我反思是教师的自我对话，自己挑自己教学中的"毛病"。反思的本质是一种理解与实践之间的对话，是这两者之间的相互沟通的桥梁，又是理想自我与现实自我的心灵上的沟通。显然，反思不是一般意义上的"回顾"，而是反省、思考、探索和解决教育教学过程中各个方面存在的问题，它具有研究性质，是校本研究最基本的力量和最普遍的形式。自我反思被认为是"教师专业发展和自我成长的核心因素"，美国学者波斯纳（G. J. Posner）认为"教师的成长＝经验＋反思"，可见，反思是促进教师专业成长的有效途径。

反思是教师自我发展的重要机制，反思对于提高教师专业水平具有重要意义。园本教研为幼儿教师专业成长提供了活动平台，为幼儿教师的成长营造了一种氛围，在相互尊重共同发展的氛围中促使幼儿教师对教育教学中的问题进行反思与交流，从而更好地改进教育教学实践。

园本教研是教师改善自身行为的反思性实践和专业成长的过程。教师从事的实践——教学就是研究。因为一方面教师面对着复杂的充满情感和想象力的不同个体——幼儿，要使教学真正促进每一个幼儿的成长，教学必须是研究；另一方面，教师面临着复杂的教学情境，如随着时代和社会的进步而出现的新的教学理念、新的教学思想、新的教学内容和新的教学方法，而这些理念、内容和方法的落实，需要教师在自身的教学实践中不断地加以研究。因此，研究和实践合一，在实践中开展研究，把自己的实践行为看作是一个研究的过程，是教师从事教育科研的价值取向。而在实践中展开研究的过程就是教师为改善自身的行为而不断反思的过程，也是教师专业成长的过程。教师通过教学实践的反思活动，来检验自己的教学行为，拷问自己的教学思想，提高教学技艺。

2. 幼儿教师自我反思的类型与层次

园本教研中，根据主体和进程的不同，幼儿教师的自我反思可以分为不同的层次。

（1）根据参与主体的不同，可以分为个人反思与团队反思

幼儿教师个人反思，主要是指贯穿于幼儿教师个人教育活动中（包括案例分析、课例研究、一课多研、日常教育行为）的方式。

团队反思——由园本教研活动中的执教者、听课的教师以及园长、教研组组长组成的团队，针对一个真实的教育现场进行分析反思，在同伴互助、互动对话中帮助执教者找准问题，提升反思的深度，开展设计、演绎、反思、再设计、再演绎、再反思，循环往复，连环跟进，直至形成优秀的共享课例。

（2）根据反思进程不同，可以分为教学前、教学中、教学后三个阶段的反思。在教学活动开展前进行反思，这种反思具有前瞻性，能使教学成为一种自觉的实践，并有效地提高幼儿教师的教学预测和分析能力。在教学活动中进行反思，即及时、自动地在行动过程中反思，这种反思具有监控性，能使活动高质高效地进行，并有助于提高幼儿教师的教学调控和应变能力。在教学后的反思，有批判地在行动结束后进行反思，并提出进一步改进的建设性建议。

3. 园本教研活动中如何提升幼儿教师的反思能力

自我反思有助于改造和提升教师的教学经验，"经验＋反思＝成长"，没有经过反思的经验是狭隘的经验，意识性不够，系统性不强，理解不深透，只能形成肤浅的认识，并容易导致教师产生封闭的心态，不仅无助于而且可能阻碍教师的专业成长。

经常在幼儿园的园本教研研讨中听到教师们说"通过今天的反思我明白了……"，或在笔记中看到"我认识到……"，就会认为教师会反思了。其实不然，很多时候幼儿教师在后来实践中表现出来的行为和在前面研讨中听到的、反思笔记中看到的完全不是一回事儿时，这就说明幼儿教师的反思仅停留在认识上，而没有落到他们日常的教育实践中和教育行为的改变上。

下面的案例描述的是北京市曙光幼儿园如何在园本教研中提升幼儿教师

反思能力。

[案例]

做有思想的教师从学会反思开始[①]

曙光幼儿园的管理者们在教师的反思笔记中发现教师的反思存在一些问题，通过访谈他们又了解到教师在反思过程中遇到了不少困惑。经分析，教师的问题和困惑大致可以归为以下几类：

1. 缺乏反思的意识和习惯。如太忙了，有时顾不上。

2. 多角度思考和分析的能力弱，即反思的广度问题。如不知道反思些什么，怎样全面、透彻地反思，怎样多角度反思。

3. 缺少理论支持，理论联系实际的能力弱，即反思的深度问题。如有的教师谈到反思是否需要高深的理论，怎样将反思上升到一定的理论高度等问题。

4. 缺少梳理和提炼的能力，即反思的思维条理性问题。如不知道怎样将反思内容表达清楚，怎样进行系统的反思。

5. 价值判断能力弱。如不会抓"点"，反思不到"点"上。

基于教师们对反思的态度及对教研的渴望和需求，管理者们决定开展以"学会反思"为主题的园本教研。他们认为，针对教师在反思中的不同问题，应该采用不同的支持方式。例如，对于缺乏反思意识的教师，可先让他们了解反思的意义，提出反思的任务和要求，让他们尝试反思，并及时给予鼓励；对于觉得反思高不可攀、一提反思就犯怵和不知道从哪儿入手进行反思的教师，可引导他们从不同角度看问题、想问题；对于理论基础薄弱、缺乏主动学习习惯、不会用理论分析实践的教师，可向他们推荐相关理论书籍、文章，并结合他们的实践以问题引导他们阅读，也可让他们针对重点词句举例说明自己对这些理论的认识；对于缺乏梳理和提炼能力、会说不会写、不能清晰地表达自己思路的教师，除上述方法外，还可以帮助他们通过教研来理清思

---

① 左晓静，陈立等. 园本教研的实践与思考——浅谈园本教研中的四组关系（下）. 幼儿教育，2007（7-8）.

路，也可让他们把说的先写下来，然后再整理，这样可以帮助他们降低写作难度，树立信心。

在前期思考的基础上，管理者们结合教师的困惑及学习特点，预设了三次教研活动。活动一是多角度反思，目的是从分析典型案例入手，使教师了解反思的目的和意义，引导教师尝试从不同角度分析、反思，通过同伴交流和管理者引领的方式，初步了解反思的角度，树立自信。活动二是从活动设计开始反思，目的是让教师了解反思不仅在活动后，还应在活动前，教师应该了解自己原有教学经验和幼儿的原有经验，明确自己依据什么设计活动，从而学会带着反思、研究的意识了解幼儿、准备活动，为有目的地开展日常教育教学研究活动打好基础。活动三是教学实践观摩及反思，针对前两次教研的反思效果、存在问题及教师的反思水平，带领教师对实践活动进行个人反思和集体反思，适时引进专家资源，从理论角度梳理和提升，提高教师反思的意识和能力。

该园管理者为了使教研计划更好地发挥引领作用，主动跟区教研室的沈心燕老师一起研讨。沈老师根据对该园的了解，结合教师的教育教学实践，针对这一系列教研活动的设计思路提了三个问题：反思应该从哪里开始？研究教师反思的目的只是让教师会写反思笔记吗？教师自我反思的有效性究竟体现在哪里？这些问题引起了该园管理者的深入思考，他们认识到教师的困惑和问题是从实践中来的，教研应该紧密结合教师的实践，从研究实践中的反思开始，通过反思和调整来解决实践中的问题，最后回归到改进教师的教育行为。于是，管理者由关注教师在反思笔记中的反思转向关注教师在真实教育情境中的反思。可以说，这样的专业引领进一步强化了管理者对教师教育实践的关注，使他们更加明确了引导教师学会反思的根本目的在于改进实践，进而提高日常教育质量。于是，他们将提高反思的有效性作为园本教研的方向。

该园管理者调整了教研计划，使每一次研究都紧密围绕实践中的问题和教师的困惑。在研究过程中，他们一方面关注教研活动的效果，及时了解教师对教研活动的感受；另一方面注重教师日常实践中的反思，采取先倾听教师自我反思，再将自己记录过程中发现的一些实际现象以符号标注（"☆"表示优点，"▲"表示不足）的形式呈现给教师看，请教师自己思考为什么，并挖掘背后的原因及观念。这种方式比以前直接反馈更容易使教师理解和接受有关教育理念，也能更有效地培养教师用理论分析实践的能力。这一系列教研活动还在继续着，该园教师也在自我反思、同伴互助反思的研讨和实践中变得更有想法，他们正向着有思想的专家型教师迈进。

如上例，不同的教师在反思中存在的困惑和问题是不同的。我们应该思考为什么会出现这些困惑和问题，反思对于教师来说究竟意味着什么，教师是否感受到反思给自己的工作带来了好处。我们认识到让教师感受到反思的意义，形成反思的意识，是我们应该关注的问题。为此，我们引导幼儿园通过体验活动、案例分析等方式，运用挖掘、质疑等策略，帮助教师捕捉幼儿表现出来的关键信息，深入分析幼儿传达的心理感受和需要，并以此来反思自己的教育行为是否适宜及其背后的原因，从而进一步思考如何根据幼儿的心理感受和需要去调整自己的教育行为，使自己的教育适应每个幼儿。我们认为教师的反思是否有效取决于他们能否通过反思不断调整自己的教育实践，改善教育行为，使反思的效果落到实处。

从幼儿园园本教研如何提升幼儿教师的自我反思能力的角度出发，我们能够从这个案例中得到以下的思考和启发：

第一，在这个案例中我们看到，园本教研中幼儿教师是研究者，成为反思性的实践者，幼儿教师把自己作为研究的对象，研究自己的教学观念和实践，反思自己的教学实践，反思自己的教学观念、教学行为以及教学效果。通过反思、通过研究，幼儿教师不断更新教学观念，改善教学行为，提升教学水平；同时形成自己对教学现象、教学问题的独立思考和创造性见解，使自己真正成为教学和教学研究的主人。

第二，在园本教研中，为了促进幼儿教师更好地进行反思，同伴互助和专业引领非常重要。这就需要幼儿园在园本教研中创设一种每位幼儿教师都能主动研究的支持性环境,有了教研管理者的尊重与支持、合作与引领,点燃了教师的研究热情,将教师原来的"要我研究"变为"我要研究"。

(二)幼儿教师集体的同伴互助

教师集体的同伴互助是在强调幼儿教师自我反思的同时,加强幼儿教师之间的切磋、协调和合作,形成研究共同体,共同分享经验,互相学习,共同成长。就园本研究发挥作用的机制而言,必须是幼儿教师集体的研究,只有教师集体参与,才能形成一种研究的氛围,一种研究的文化,这样的研究才能真正提升幼儿园教师的教育能力和解决问题的能力。同伴互助的实质是幼儿教师作为专业人员之间的对话、互动与合作,其基本形式有:

1. 专业对话

专业对话是指幼儿教师对教育活动中涉及的各种问题,与同事进行交流、切磋、研讨,达成共识。专业对话是借助他人和团体力量的较好形式。教师之间多向互动、智慧共享的对话是研究共同体的有效运作机制,对话的过程是教师从各自理解的原有的知识背景出发,通过多次的互动所达成的一种视角交融,而视界交融的结果是教师认知结构的不断改造,从而产生新的理念。在当前实践中开展的同伴互助活动中,常用的对话方式是集体研讨,而集体研讨较多的是经验共享与交流、沙龙式研讨与专题研讨等方式。

(1)经验共享与交流。经验共享,就是教师通过互相分享经验,反思自己的教学。经验只有被激活、被分享,才会不断升值。

[案例]

怎样看待孩子的成功[①]

一次,我们参与某幼儿园的教研活动,研讨中班教师在引导幼儿制作陀螺的过程中能否为幼儿的主动学习提供有效的支持。活动后,执教教师在自我反思中提到:今天的活动没有很好地完成目标,因为在小组学习中只有两个孩子制作的陀螺成功了,其他孩子的陀螺因中心点和固定点的问题,影响

---

① 左晓静,陈立等. 园本教研的实践与思考——浅谈园本教研中的四组关系(下). 幼儿教育,2007(7-8).

了旋转速度，所以都没有成功。根据教师的反思，园长抓住了"如何看待孩子的成功，成功的标准是什么"这两个关键问题。在问题的引导下，教师们开始关注和分析孩子的作品，通过认真地观察、分析、操作孩子们的作品，大家得出结论：中班孩子不可能有意识地将陀螺中心点的确立与旋转速度建立联系，教师不应该用成人的标准要求孩子，他们能把陀螺的平面图立体化就已经成功了。

后来，我们又提出"为什么孩子认为自己做的陀螺是假的，做好后谁也不急于玩"的问题，此时教师的关注点由作品转向孩子。有位教师提出："虽然陀螺制作成功了，但是为什么孩子们感受不到快乐和成功呢？"这位教师的疑问引起了大家的共鸣和深入思考。通过分析，大家认为这主要是因为执教教师在孩子做完陀螺后，让孩子把自己制作的陀螺与买来的陀螺作比较，看一看哪个转的时间长、速度快，以引导幼儿关注陀螺的平衡点和固定点……由于教师的期望与孩子的自主探究水平和原有经验有明显差距，所以这种做法带给孩子不成功的感受。为此，教师应该因人而异，让能够把陀螺做出来的孩子、能够使陀螺转起来的孩子以及不仅能让陀螺转起来而且转得快的孩子都体验到成功。

教研活动围绕"如何看待孩子的成功"这一问题展开讨论，引发了教师思想观念上的一个又一个认知冲突，帮助教师由只关注教育目标到关注孩子的行为表现，再到关注孩子的心理感受，直至关注孩子的个体差异，不断引导教师走近孩子。

在这个案例中我们看到，教师之间通过"如何看待孩子的成功"这一问题产生了思想交锋和认知冲突，这种认知冲突不仅进一步促进了幼儿教师的自我反思，而且引起了教师群体中成员间的相互启发和引导。通过这种教师群体的互相交流，引导幼儿教师更加恰当地对待孩子的成功问题。

（2）沙龙式研讨。这是一种没有权威与领导的深度会谈，可以是有主题的，也可以是无主题的。关键在于教师间要有非常真诚的人际关系，大家彼此信任，互相视为伙伴，只有这样才能无拘无束地发表意见，产生思维互动。

深度会谈是一个自由的开放的发散过程，它会诱使教师把深藏于心的甚至连自己都意识不到的看法、思想、智慧展示出来，表达出来。这个过程同时也是最具有生成性和建设性的，它会冒出和形成很多有价值的新见解。

（3）专题讨论。这是大家在一起围绕某个问题畅所欲言，提出各自的意见和看法。在这个过程中，每个人都为自己的意见辩护，同时也不断地思考和质疑他人的意见。大家互相丰富着彼此的思想，不断地提高自己和同事对问题的认识，知识也因此不断地变更和扩张。在有效的讨论中每个教师都能获得单独学习所得不到的东西。

2. 协作和帮助也是幼儿教师同伴互助的重要形式

协作指幼儿教师共同承担责任、共同执行教研课题或教改任务。就是通过发挥每个教师的兴趣爱好和个性特长、发挥每个教师的作用，使教师在互补共生中成长，彼此在互动、合作中成长。帮助主要是发挥骨干教师、学科带头人在同伴互助中的带头示范积极作用。教学经验丰富、教学成绩突出的优秀教师，帮助和指导新任教师，使其尽快适应角色和环境的要求等。总之，通过同伴互助，防止和克服教师各自为战和孤立无助的现象。

（三）专业人员的专业引领

园本教研的主体是教研，园本教研需要个人反思、同伴互助，同样也需要专业引领。园本研究是在本园展开的，是围绕本园的事实和问题进行的，但它不完全局限于园内的力量。恰恰相反，专业研究人员的参与是园本研究不可或缺的因素。离开了专业研究人员等"局外人"的参与，园本研究就常常会自囿于同水平反复，迈不开实质性的步伐，甚至会停滞不前。专业研究人员主要包括教研人员、科研人员和大学教师等。

专业引领就其实质而言，是理论对实践的指导，是理论与实践之间的对话，是理论与实践关系的重建。幼儿园教师可以从专业人员那里获得直接的指导，习得相关的研究方法和技巧。

1. 园本教研中专业引领的形式

（1）学术专题报告

在幼儿园教育教学实践中，幼儿教师会遇到各种各样的问题，通过定期邀请高校学前教育理论研究者、各级教研员到幼儿园针对园本教研中的实践问题开展学术报告活动，用先进的理论来指导幼儿园的园本教研，有助于幼儿教师开阔视野、更新教育观念，提高园本教研的实效性，深化对幼儿园教育教学的认识。

（2）课例指导

课例指导是指专业研究人员深入幼儿园园本教研活动中，与幼儿教师围绕一个课例或者是研究问题进行交流和研讨。课例指导是园本教研中专业引领的基本方式，就是对某一问题进行持续深入的探讨，直至问题的解决。课例指导主张立足于对真实课堂教学进行观察、分析和提炼，所研究的问题具有日常性、情境性，研究过程具有典型的行动性，研究目的具有实用性等特点。

（3）教学现场指导

教学现场指导是专业人员，尤其是教研员和高校理论工作者与一线幼儿园教师合作开展教学活动设计，并对其进行指导改进的过程。就园本教研中促进幼儿教师专业化成长而言，教学现场指导是最有效的形式，也是最受教师欢迎的形式。这其中教研员发挥着尤为重要的作用。一般情况下是，幼儿园教师在日常教学过程中遇到了自己难以解决的问题，邀请教研员给予指导，在幼儿园开展教研活动。参与的人员有时候有区域教研员、幼儿园教师、区域内的骨干教师；有时候有区域教研员、幼儿园教师、区域中心组教师、高校专家等形式。参与人员根据本次研究的性质和问题决定。例如，针对幼儿园提出的问题，教研员认为有可能是教师遇到的共性的问题，就会请区域内的骨干教师共同参与研讨；如果教研员在这个问题的研讨中也存在困惑，他们就可能邀请高校的相关领域的专家参与。不管何种方式，园本教研的实践证明，专业研究人员与幼儿教师共同备课（设计）、听课（观察）、评课（总结）等，对教师帮助最大。

2. 园本教研中专业引领的时机

第九章　如何以教科研活动促幼儿教师专业发展

专业引领对于提升园本教研的质量来说十分重要，但这里存在一个时机问题，即专业引领什么时候介入，才能真正促进教师的自我反思和同伴互助。如果教师自己还没有开始反思，或者幼儿园还没有针对自身实践去反思问题出在哪里，就急于引入专业引领，可能容易导致幼儿园的被动和引领者"一言堂"；如果幼儿园正处在困惑的坎儿上，需要园外的专业资源帮助诊断和分析问题时，没有及时得到专业引领，就容易造成在原有经验水平上的重复，导致错失解决问题的良机。因此，在专业引领的过程中需要专业人员适时的介入，这个过程中要减少替代，应引导幼儿园教师积极主动地开展园本教研，让专业引领真正为提升幼儿教师的园本教研能力和幼儿园的自主发展服务。以下案例就反映了在园本教研中，教研员如何适时地介入园本教研进行指导，以有效地提高教研效果。

[案例]

园本教研中的专业引领[①]

有一次，某幼儿园预约我们去指导日常工作。在那里我们发现区域活动中教师过多地关注如何将目标物化在材料中，却忽视了观察和研究幼儿是如何在游戏中学习和探究的。在我们将幼儿在活动区的表现描述给教师后，教师却认为："孩子不会玩有问题，孩子会玩、玩得好怎么也会有问题？"

该园管理者们经过分析，认识到了这一问题的价值，于是马上开始研究。但由于管理者自身专业引领的经验有限，缺少对教师困惑症结的细致分析，研究陷入了僵局。困扰该园管理者的问题是，如何让教师意识到问题的存在并产生研究和解决问题的内在需要。带着这一困惑，管理者主动寻求专业支持，以学习共同体开展教研活动。我们一起经历了他们的研究过程。

学习共同体由棉花胡同幼儿园的业务管理者任组长，其他幼儿园的业务管理者自愿参与。我们观摩该园实践活动后共同诊断和分析，最终发现教师存在三个方面的认识误区：一是把认知性目标等同于主要目标；二是把幼儿

---

① 左晓静，陈立等. 园本教研的实践与思考——浅谈园本教研中的四组关系（下）. 幼儿教育，2007（7-8）.

的机械操作等同于幼儿的游戏；三是把"材料物化认知目标"等同于幼儿的发展。这些都表明教师并没有真正理解什么是幼儿的主动学习。原因在于他们的原有经验中并没有关于"幼儿的主动学习是什么样"的清晰印象，因此也就不明白为什么自己班里幼儿的活动不叫学习，而叫机械操作。

为了发挥教师的主体性，我们进一步讨论了以什么样的方式引导教师自己发现问题和提出问题，最后确定用直观、有效的录像对比方式，让教师看到幼儿在活动区中两种不同状态的游戏，进而分析产生差异的原因。

我们先录了该园幼儿串珠游戏的原有状态。我们和组织活动的教师观看了这段录像，与她一起反思和研讨。在她自己发现问题的基础上，我们帮助她在活动区串项链的游戏中设置了"如何给串珠项链加上坠子"这样一个问题情境。在活动中，这个问题情境果然引发了幼儿的认知冲突和探索兴趣，他们为使坠子处于项链的中间位置，经历了提出问题、探究、想象、假设、发现、交流等一系列学习过程，由被动操作转变为主动探究。我们又将幼儿的变化过程拍摄下来，发现幼儿的参与人数、兴趣、学习状态和学习内容都发生了变化。

之后，对照两段录像，我们和该园管理者共同设计了教研活动，设置了能帮助教师主动思考的一系列问题。如："第一段录像中幼儿的行为表现是什么样的状态？为什么？""第二段录像中幼儿的活动有哪些变化？为什么会产生这样的变化？""你认为幼儿在穿坠子的过程中进行了哪些方面的学习？这引发了你哪些思考？""第二段录像中幼儿的活动究竟好在哪里？"在教研现场，幼儿真实的表现、鲜明的变化震撼了所有教师。这些问题不仅让教师关注到了以往实践中容易忽略的细节，而且把教师们的视线聚焦在幼儿的学习状态和学习过程上，并通过幼儿学习状态的变化反思自身的教育行为，从而使研究不断深入。同时，教师理解了什么是幼儿真正的学习，从而进一步引发了教师对后续实践的调整。

可以说，这个过程是学习共同体的每个成员互相学习、互相质疑、共同经历和共同成长的过程，它使教师、业务管理者和教研员都获得了经验。

大家都认识到：要使教研对教师成长真正有促进作用，首先要深入细致地分析教师的困惑、问题，在此基础上再精心设计教研活动过程，使教研方式能够帮助教师解读幼儿，理解正确的教育理念。

在本案例中，幼儿园在园本教研中通过积极地、有针对性地寻求专业引领，教研员的适时介入，有效地与幼儿教师共同解决了"孩子不会玩有问题，孩子会玩、玩得好怎么也会有问题"这一难题。

园本教研不等于关起门来搞研究。为了提高教研活动的有效性，幼儿园管理者要像教师研究幼儿和教学过程一样，研究教师、研究教研过程、研究有效的教研方式。幼儿教师对待专业引领的心态尤为重要，在专业引领过程中，幼儿园和教师是否具有开放的心态，会直接影响他们对问题的认识、对教育实践的反思和改进，影响其与同伴互动的质量和效果以及对专业引领的引进。

总之，自我反思、同伴互助、专业引领相对具有独立性，同时又是相互补充、相互渗透、相互促进的关系。只有充分地发挥园本教研中自我反思、同伴互助、专业引领各自的作用并注重相互间的整合，才能有效地促进以园为本的教研活动。

【阅读推荐】

1. 银小贵. 园本教研促进幼儿教师专业成长的研究——以湖南大学南校区幼儿园为例. 湖南师范大学硕士研究生论文，2009.

本文认为园本教研是幼儿教师专业成长的平台，是实现幼儿教师教育理论向教育实践转化的中介，是促进幼儿教师专业成长的重要途径。作者采用观察、访谈等方法进行研究，并以湖南大学南校区幼儿园园本教研的开展为例进行了深入的分析。

2. 朱家雄. 幼儿园教师专业成长的途径——基于行动的幼儿园园本教研. 早期教育，2004（10）.

作者着重阐述了幼儿园开展基于行动的幼儿园园本教研过程中如何通过纪录的手段促进幼儿教师的专业发展，作者认为纪录是十分有效的工具，能让教师看到儿童的学习、能让教师反思他们的教学是否有意义、能让教师与教师、教师与研究人员进行对话。

3. 华爱华. 会议综述之一：园本教研与教师发展. 幼儿教育，2006 (10).

在这篇综述文章中，作者认为促进教师专业发展的园本教研必须抓住教师的问题意识、研究态度、反思能力来展开，这已经成为一种共识，并分析了如何让试点园产生辐射效应，以及教研员专业引领等问题。

【思考与探索】

1. 结合我国教育部正式公布《幼儿园教师专业标准（试行）》征求意见稿与《教师教育课程标准（试行）》中的关于学前教师专业发展方面的条文，分析这些文件的出台对于我国幼儿教师专业发展产生了哪些影响，并思考如何使这两个文件在幼儿教师的实践培养环节发挥引导作用。

2. 园本教研促进幼儿教师专业发展的机制中有三个基本的环节，你认为这三个基本环节之间有什么样的内在关联？

参考文献

1. 王坚红. 学前儿童发展与教育科学研究方法. 北京：人民教育出版社，1991.
2. 裴娣娜. 教育研究方法导论. 合肥：安徽教育出版社，1995.
3. Herbert Altrichter、Peter Posch & Bridget Somekh 著，夏林清译. 行动研究方法导论：教师动手做研究. 台北：远流出版事业股份有限公司，1997.
4. 李季湄. 幼儿教育学基础. 北京：北京师范大学出版社，1999.
5. 张燕，邢利娅. 学前教育科学研究方法. 北京：北京师范大学出版社，1999.
6. 教育部教育司.《幼儿园教育指导纲要（试行）》解读. 南京：江苏教育出版社，2002.
7. 郑金洲. 教师如何做研究. 上海：华东师范大学出版社，2005.
8. 郑金洲等. 行动研究指导. 上海：华东师范大学出版社，2005.
9. 陶保平. 学前教育科研方法（修订版）. 上海：华东师范大学出版社，2006.
10. 周希冰. 学前教育科学研究. 北京：高等教育出版社，2006.
11. 张宝臣，李志军. 学前教育科学研究方法. 上海：复旦大学出版社，2007.
12. 薛烨，朱家雄. 生态学视野下的学前教育. 上海：华东师范大学出版社，2007.

13. 刘占兰, 廖贻. 聚焦幼儿园教育教学: 反思与评价. 北京: 北京师范大学出版社, 2009.

14. 何桂香. 成长在路上: 幼儿园新教师必读. 北京: 农村读物出版社, 2009.

15. 沈心燕, 北京市教育委员会. 教研支持方式的实践与思考. 北京师范大学出版社, 2009.

16. 威廉·维尔斯马、斯蒂芬·G. 于尔斯著, 袁振国主译. 教育研究方法导论. 北京: 教育科学出版社, 2010.

17. 顾明远, 孙向阳. 教师教育科研最需要什么. 南京: 南京大学出版社, 2010.

18. 王福强. 用心做教研: 一线教师最需要的教研策略. 长春: 吉林大学出版社, 2010.

19. 霍力岩. 学前教育研究方法. 北京: 高等教育出版社, 2011.

20. 王薇圃, 连育红, 史力玲. 园长要做幼儿园科研的带头人. 教育导刊, 1998 (6).

21. 李哉平. 如何进行教育问卷调查. 教学与管理, 1999 (8).

22. 杨丽珠. 取样观察法——观察法 (一). 山东幼教, 1999 (15).

23. 屠春友. 试论社会科学研究方法多元化原则. 学术研究, 2000 (5).

24. 颜玖. 观察法在社会科学研究中的应用. 北京市工会干部学院学报, 2001 (4).

25. 洪明. 行动研究与幼儿教育. 学前教育研究, 2001 (4).

26. 严仲连. 幼儿园教师开展教育科研的价值. 幼儿教育, 2001 (9)

27. 李灵. 行动研究在学前教育中的应用概述. 教育科学, 2002 (2).

28. 李焕稳. 教育行动研究是幼儿教师成长的重要途径. 天津师范大学学报 (基础教育版), 2002 (4).

29. 柳夕浪. 行动研究之反思. 山东教育科研, 2002 (10).

30. 张静. 试谈幼儿园教师进行教育科研的作用. 黑龙江教育学院学报,

2003 (3).

31. 王银玲，刘苏．幼儿园管理价值取向与效益的调查研究．学前教育研究，2003 (4)．

32. 张毅，陈亚秋等．北京市学前特殊教育的调查与思考．中国特殊教育，2003 (4)．

33. 唐晓娟．幼儿教师是教育研究者——兼谈教育研究的主体、对象、目的、评价．山东教育，2003 (9)．

34. 许群民．课题研究需注意的问题．幼儿教育，2004 (1)．

35. 程方生．幼儿园开展以园为本教研活动的策略分析．教育评论，2004 (2)．

36. 戴双翔．如何使用幼教科研方法（上）．教育导刊，2004 (4)．

37. 杨宏伟．幼儿教师怎样进行行动研究．学前教育研究，2004 (6)．

38. 林宝妹．如何收集教科研资料．教育导刊，2004 (6)．

39. 杜静．教育会诊：一种高效的园本培训模式．学前教育研究，2005 (7-8)．

40. 朱家雄，张婕．走向基于行动的园本教研——论教师专业发展范式的转向．幼儿教育，2005 (9)．

41. 张志泉，刘士清．师生的反思互动——教学持续发展的动力．上海教育科研，2005 (11)．

42. 潘君利．园本教研：研究什么与怎样研究．幼教园地，2006 (1-2)

43. 王来润．与教科研共同成长．教育科研论坛，2006 (3)．

44. 朱银珍．幼儿园教科研工作浅析．文教资料，2006 (5)．

45. 刘华．幼儿园科研现状有感．早期教育，2006 (6)．

46. 庄春梅．教师如何写教学反思．学前教育研究，2006 (Z1)．

47. 王月霞．观察法在幼儿角色游戏指导中的运用．教育导刊（幼儿教育），2006 (10)．

48. 伍香平．湖北省《幼儿园教育指导纲要（试行）》研修活动．当代学前教育，2007（3）．

49．左晓静，陈立等．园本教研的实践与思考——浅谈园本教研中的四组关系（下）．幼儿教育，2007（7-8）．

50．赵振国．从质量话语到意义生成话语的转变——园本教研与传统教研的生态学视角比较．学前教育研究，2007（11）．

51．于俭．幼儿园教育科研的现状与基本对策．当代学前教育，2008（1）．

52．张艳蕾，涂阳慧．园本教研：教师个体教育观念生成的新平台．幼儿教育（教育科学版），2008（2．）

53．喻小琴．江苏省教育科学"十一五"规划2006年度基础教育课题述评．上海教育科研，2008（3）．

54．刘晶波．中国学前教育研究会立项课题的研究状况与分析．学前教育研究，2008（12）．

55．米广春．终身教育视阈下的"一贯教育"研究．外国中小学教育，2009（10）．

56．闵艳莉，周燕．教师研究工作坊：一种新的园本教研组织形式．学前教育研究，2009（2）．

57．徐美娥．基于行动的园本教研．学前教育研究，2009（12）．

58．方海敏．开展教学反思的价值及其有效途径．学前教育研究，2010（8）．

59．张文娟．试析如何提高园本教研的实效性．教育导刊（幼儿教育），2010（12）．

60．李季湄．园本教研发展之我见．幼儿教育．2011（Z1）．

61．中国学前教育网．www.preschool.net.cn

62．上海学前教育网．www.age06.com

63．北京学前教育网．www.bjchild.com

64．中国学前教育研究会．www.cnsece.com

65．浙江学前教育网．http://www.06abc.com